KB203807

佛說大乘莊嚴寶王經

불설대승장엄보왕경

佛說大乘莊嚴寶王經

불설대승장엄보왕경 역해 · 최종웅 혜정 종사

올리브그린

차례

들어가는 글

이 경은 밀교의 관음법(觀音法)으로 관자재보살의 본심진언 육자대명
왕다라니인 '옴 마 니 반 메 훔'에 관하여 설하신 경으로 밀교 소의경전
중에 하나이다. 관자재보살의 미묘본심(微妙本心)인 '옴마니반메훔'
이 지닌 무량한 공덕을 찬탄하였다. 팔만장경 가운데 육자대명왕다리
니를 설한 경전은 오직 『불설대승장엄보왕경』밖에 없다. 경의 전래나
번역은 중국 송나라에 건너온 중인도의 야란타국 밀림사 삼장사문 천
식재[1](980년)가 태평흥국사에 머물면서 범본 18부를 번역하였는데 그
가운데 하나가 『불설대승장엄보왕경』이다. 육자진언을 지송하는 의궤
서는 송나라 도액(도액)의 찬집(撰集)의 『현밀원통성불심요집(顯密圓
通成佛心要集)』 4권이 있다. 이 『심요집』에서 밀교심요(密敎心要)를
설한 가운데 육자진언을 108번 염송하는 것과 그에 의하여 얻은 공덕
을 『불설대승장엄보왕경』에 설한 바에 의하여 설시(說示)하고 있다.

　　또 육자대명왕다라니는 티베트불교에서는 신앙의 중심으로 마

---

[1]　　천식재는 오전나국(烏塡喇國)삼장 시호(施護)와 함께 송나라에 와서 임금의 부름을 받고
　　자의(紫衣)를 하사 받았으며, 흥국7년 6월에는 명교대사(明敎大師)라는 호를 받기도 한 승
　　려이다.

니륜을 돌리면서 행하는 명상법으로 옴(唵)은 마음을 밝게 하고[明心觀], 마(嘛)는 자성을 깨치게 하고[見性觀], 니(呢)는 삶을 보위하며[衛生觀], 반(鉢)은 기상을 기르고[養氣觀], 메(納銘)는 도에 들어가게 하며[入道觀], 훔(吽)은 도를 지키는 것[守道觀]으로 하고 있다. 이와 같이 육자진언 한자 한자에 부처님을 관하면서 부처와 자기가 곧 하나로 합일하여 구족한 삶을 살아갈 수 있다고 생각하는 것이다.

경의 내용을 단순하게 생각할 수도 있다. 관자재보살이 육자진언에 의하여 일체중생을 교화하는 것에 대하여 관자재보살의 교화하는 공덕과 진언이 지닌 공덕에 관한 것이다. 관자재보살이 지옥과 천성을 왕래하고 인간과 나찰과 벌레까지 교화하는 공덕은 미증유이며 불가사의하여 그 무엇으로도 비유되지 않는다. 과거 7불이 설하지 못하고 오로지 관자재보살만이 설할 수 있음을 밝히고 있다. 제개장보살과 부처님과의 대화로써 총 4권으로 되어 있다. 내용을 요약하면 다음과 같다.

서분	제1권	• 부처님회상의 모인 대중들
정종분		• 부처님과 제개장보살의 대화
		• 지옥중생을 구제하는 상서로운 모습
		• 염마천자가 성관자재보살의 덕을 찬탄함
		• 아귀를 제도함
		• 관자재보살의 구도 현신하는 모습
		• 진언독송자 열반시 12여래의 영접을 받음

제2권	• 미사불시대의 장엄경 살함을 듣는 장면
	• 대력아수라왕을 제도함
	• 흑암처 유정을 위하여 보왕경 공덕을 설함
	• 천궁의 묘엄이천자를 제도함
	• 사자국의 나찰녀를 구도함
	• 바라나성의 출류를 구도함
	• 기타림 미사부여래 처소에서의 화도 모습
제3권	• 관자재보살의 구족한 삼마지문을 설함
	• 부처님의 본생담(500상인)
	• 경의 공덕을 설함
	• 육자대명왕다라니의 공덕을 설함
제4권	• 육자대명왕진언을 얻는 인연을 설함
	• 과거7불을 찾아 진언을 구하는 장면
	• 연화상여래가 육자진언의 공덕을 설함
	• 관자재보살 진언 설하기 위한 작단법 설함
	• 관자재보살이 육자대명왕진언을 설함
	• 부처님께서 진언 지송자의 공덕을 설함
	• 아난에게 상주물 소중한 업보인연을 설함

이 경의 아쉬운 부분은 모든 경에는 당부의 말씀인 유통분이 있어야 하는데 유통분이 분명하지 않다는 것이다. 경의 유통 부분이 멸실

되어 다른 경과 합쳐진 듯한 부분이 구수아난타와의 대화 부분이다. 이 부분은 시간을 두고 찾아보아야 할 것이다.

이 경은 많은 분이 번역하였다. 그런데도 번역에 마음을 둔 것이 진각종의 소의경전으로 승적을 가진 자가 경 자체를 소홀하게 생각하지 않는다는 뜻을 밝히고자 함이다. 번역이라는 것이 각자의 생각에 따라 다를 수가 있다. 마음을 열지 않고 문자로만 번역한다면, 육자진언이 지닌 본심의 뜻은 알지 못할 것이다. 특히 관자재보살이 곧 육자진언이요, 육자진언이 곧 관자재보살이다. 이렇듯 육자진언이 고나자재보살 자체라면 보살은 곧 비로법신이다. 비로법신이 곧 육자진언이기 때문이다. 과거 모든 부처가 설하지 못한 것을 오로지 관자재보살만이 설하였다. 이것은 곧 관자재보살이 아미타불의 화신만 되는 것이다. 곧 법신비로자나불의 본심이 되는 것이다. 이 경을 보는 혜안은 관자재보살의 본심진언으로만 보는 것이 아니라, 비로법신의 본심진언임을 알아야 한다. 비로법신의 자내증의 자리에서 관자재보살의 자내증이 있고 관자재보살의 자내증의 자리에서 육자진언이 설해진 것이다.

역자가 이 경을 처음 번역하여 진각대학의 교재용으로 사용하였다. 그후 진각종과 고려장경연구소와 협의하여 소의경전을 전산화하는 불사에 원전에 구두점을 찍고 번역한 것이다. 지금 생각하면 부끄러운 부분이 많다. 부처님의 말씀은 함부로 단언을 짓기가 어려움을 알고 있지만, 이제 조금이라도 부끄러운 부분을 없애고자 새로운 마음으로 번역하여 별도의 책을 출판하는 것이다. 대일경주심품, 보리심론, 육자진언수행 등의 해설집을 이야기식으로 썼다. 다시 기회가 있으면 해설집을 내고자 한다. 육자진언의 이치를 깨달은 연후에 행할 나만의 불사로 남겨두고자 한다. 관자재보살과 육자진언이 주인공으로 나오는 한

편 드라마를 보듯이 보아야 할 것이다. 정진하고 노력하여 최선을 다하였지만 역시 잘못된 부분이 있을 것이다. 보이는 것보다는 보이지 아니하는 마음으로 잘못된 부분이 있으면 넓은 마음으로 보고 경책의 말씀을 보내주시면 겸허하게 받아들여 수행의 본으로 삼겠습니다. 끝으로 신통치 않은 번역본을 잘 다듬어서 출판해주신 오종욱 대표와 종사자 여러분께 고맙다는 인사를 드립니다.

2019(진기73)년 가을
행원마을에서 역자 삼가 합장

佛說大乘莊嚴寶王經 卷第一

中印度惹爛馱囉國密林寺三藏賜紫沙門臣 宋 天息災
奉 制譯

如是我聞。一時世尊在舍衛國祇樹給孤獨園, 與大苾
芻衆千二百五十人俱。幷諸菩薩摩訶薩衆, 其名曰金
剛手菩薩摩訶薩, 智見菩薩摩訶薩, 金剛軍菩薩摩訶薩,
秘密藏菩薩摩訶薩, 虛空藏菩薩摩訶薩, 日藏菩薩摩訶
薩, 無動菩薩摩訶薩, 寶手菩薩摩訶薩, 普賢菩薩摩訶
薩, 證眞常菩薩摩訶薩, 除蓋障菩薩摩訶薩, 大勤勇菩
薩摩訶薩, 藥王菩薩摩訶薩, 觀自在菩薩摩訶薩, 執金
剛菩薩摩訶薩, 海慧菩薩摩訶薩, 持法菩薩摩訶薩等,
八十俱脂菩薩, 皆來集會。

是時, 復有三十二諸天子衆皆來集會, 大自在天及那羅
延天而爲上首, 帝釋天王, 索訶世界主大梵天王, 日天,
月天, 風天, 水天, 如是諸天衆等 皆來集會。

불설대승장엄보왕경 권제1

이와 같이 나는 들었다. 한때에 부처님께서 사위국 기수급고독원[1]에서, 훌륭한 비구들 일천이백오십인과 함께 계시었다. 이와 더불어 모든 보살마하살 등도 함께하였다. 그 이름은 곧 금강수보살마하살[2], 지견보살마하살, 금강군보살마하살, 비밀장보살마하살, 허공장보살마하살, 일장보살마하살, 무동보살마하살, 보수보살마하살, 보현보살마하살 증진상보살마하살, 제개장보살마하살, 대근용보살마하살, 약왕보살마하살, 관자재보살마하살, 집금강보살마하살, 해혜보살마하살, 지법보살마하살 등 팔십구지[3]의 보살이 모두 다 와서 회에 모이었다.

이 때에 다시 삼십이의 모든 천자무리들이 있어, 모두 다 와서 회에 모였다. 대 자재천과 및 나라연천을 상수로 하여 제석천왕, 색계초선천의 주인인 대범천왕, 일천, 월천, 풍천, 수천 등 이와 같

---

1) 기수급고독원 – 祇多樹給孤獨園의 줄인 말. 祇樹園, 給孤獨園, 祇園이라 한다. 중인도 사위성 남쪽으로 1마일 지점에 있다. 기원정사가 있는 곳이다. 바사익왕의 태자 기타와 급고독 장자의 이름을 합쳐서 부른 이름이다.
2) 금강수보살 – Vajrapāṇi. 금강살타, 秘密主, 執金剛, 執金剛主, 執金剛手, 보현금강살타, 금강승살타 등을 말한다.
3) 구지 – koṭi. 구치. 인도에서는 千萬, 億, 萬億, 百千, 十萬, 京 등에 해당하는 숫자이다. 보통으로는 億을 말한다.

復有百千龍王, 所謂阿鉢邏羅龍王, 暗攞鉢怛哩二合龍
王, 底銘 嶷嚇龍王, 主地龍王, 百頭龍王, 虎虜秔挐龍
王, 得叉計龍王, 牛頭龍王, 鹿頭龍王, 難陀龍王, 跋難
陀龍王, 魚子龍王, 無熱惱龍王, 娑蘗哩挐龍王, 如是諸
龍王等 皆來集會.

復有百千彥達嚩王, 所謂鼓音彥達嚩王, 妙聲彥達嚩王,
千臂彥達嚩王, 天主彥達嚩王, 身歡喜彥達嚩王, 種種
樂音彥達嚩王, 莊嚴彥達嚩王, 現童子身彥達嚩王, 妙
臂彥達嚩王, 法樂彥達嚩王, 如是等諸彥達嚩王, 皆來
集會.

復有百千緊那囉王, 所謂妙口緊那囉王, 寶冠緊那囉王,
熙怡緊那囉王, 歡喜緊那囉王, 輪莊嚴緊那囉王, 珠寶
緊那囉王, 大腹緊那囉王, 堅固精進緊那囉王, 妙勇緊
那囉王, 百口緊那囉王, 大樹緊那囉王, 如是等諸緊那
囉王, 皆來集會.

復有百千天女, 所謂最上天女, 妙嚴天女,

은 여러 천중들이 모두 와서 회에 모이었다. 다시 또한 백천의 용왕이 있었다. 이르는바 아바발라라용왕, 열라발달리용왕, 저명의 예용왕, 주지용왕, 백두용왕, 호로니나용왕, 득차계용왕 우두용왕, 녹두용왕, 난타용왕, 발난타용왕[4], 어자용왕, 무열뇌용왕, 사얼리나용왕이다. 이와 같은 여러 용왕들이 모두 와서 회에 모이었다.

다시 또 백천의 언달바왕[5]이 있었다. 이르는바 고음언달바왕, 묘성언달바왕 천비언달바왕, 천주언달바왕, 신환희언달바왕, 종종락음언달바왕, 장엄언달바왕, 현동자신언달바왕, 묘비언달바왕, 법락언달바왕이다. 이와 같은 등의 모든 언달바왕이 모두 와서 회에 모이었다.

다시 또 백천의 긴나라왕[6]이 있었다. 이르는바 묘구긴나라왕, 보관긴나라왕, 희이긴나라왕, 환희긴나라왕 윤장엄긴나라왕 주보긴나라왕 대복긴나라왕 견고정진긴나라왕 묘용긴나라왕, 백구긴나라왕, 대수긴나라왕이다. 이와 같은 등의 모든 긴나라왕이 모두 와서 회에 모이었다.

다시 또 백천의 천녀가 있었다. 이르는바 최상천녀, 묘엄천녀, 금

---

4) 발난타용왕 - Upananda. 8대 용왕 중에 하나. 난타 용왕의 동생. 사람의 마음에 순응하여 형제가 함께 바람과 비를 알맞게 드리워 주고 백성들이 보호하며 흉년이 들지 않도록 한다. 여래가 탄생할 때 비를 내려 씻었고 법문하는 자리에서 반드시 참석하였다. 석존이 입멸하신 뒤에는 영원히 불법을 수호한다고 한다.
5) 건달바의 다른 이름. 동방을 수호하는 대천왕인 지국천왕을 말한다.
6) 불교를 보호하는 8부중의 하나이다. 건달바와 함께 음악을 맡아 연주하는 신이다. 긴나라녀는 긴나라의 여신을 가리킨다.

金帶天女, 莊嚴天女, 聞持天女, 甘露月天女, 清淨身天女, 寶光天女, 花身天女, 天面天女, 口演五樂音天女, 快樂天女, 金鬘天女, 靑蓮華天女, 宣法音天女, 妙樂天女, 樂生天女, 妙嚴相天女, 嚴持天女, 布施天女, 潔己天女, 如是諸天女等, 亦來集會。

復有百千諸龍王女, 所謂妙嚴持龍女, 母呰隣那龍女, 三髻龍女, 和容龍女, 勝吉祥龍女, 電眼龍女, 電光龍女, 妙山龍女, 百眷屬龍女, 大藥龍女, 月光龍女, 一首龍女, 百臂龍女, 受持龍女, 無煩惱龍女, 善莊嚴龍女, 白雲龍女, 乘車龍女, 未來龍女, 多眷屬龍女, 海腹龍女, 蓋面龍女, 法座龍女, 妙手龍女, 海深龍女, 妙高吉祥龍女, 如是諸龍女等, 亦來集會。

復有百千彥達嚩女, 所謂愛面彥達嚩女, 愛施彥達嚩女, 無見彥達嚩女, 妙吉祥彥達嚩女, 金剛鬘彥達嚩女, 妙鬘彥達嚩女, 樹林彥達嚩女, 百花彥達嚩女, 花敷彥達嚩女, 寶鬘彥達嚩女, 妙腹彥達嚩女, 吉祥王彥達嚩女, 鼓音彥達嚩女, 妙莊嚴彥達嚩女, 豊禮彥達嚩女, 法愛彥達嚩女, 法施彥達嚩女, 靑蓮華彥達嚩女, 百手彥達嚩女, 蓮華吉祥彥達嚩女, 大蓮華彥達嚩女, 體淸淨

대천녀, 장엄천녀, 문지천녀, 감로월천녀, 청정신천녀, 보광천녀, 화신천녀, 천면천녀 구연오락음천녀, 쾌락천녀, 금만천녀, 청련화천녀, 선법음천녀, 묘락천녀, 낙생천녀, 묘엄상천녀, 엄지천녀, 보시천녀, 결기천녀이다. 이와 같은 등의 여러 천녀들도 또한 와서 회에 모이었다.

다시 또한 백천의 여러 용녀가 있었다. 이르는바 묘엄지용녀, 모자린나용녀, 삼계용녀, 화용용녀, 승길상용녀, 전안용녀, 전광용녀, 묘산용녀, 백권속용녀, 대약용녀, 월광용녀, 일수용녀, 백비용녀, 수지용녀, 무번뇌용녀, 선장엄용녀 백운용녀, 승차용녀, 미래용녀, 다권속용녀, 해복용녀, 개면용녀, 복좌용녀, 묘수용녀, 해심용녀, 묘고길상용녀이다. 이와 같은 등의 여러 용녀도 또한 와서 회에 모이었다.

다시 또 백천의 언달바녀가 있었다. 이르는바 애면언달바녀, 애시언달바녀, 무견언달바녀, 묘상상언달바녀, 금강만언달바녀, 묘만언달바녀, 수림언달바녀, 백화언달바녀, 화부언달바녀, 보만언달바녀, 묘복언달바녀, 길상왕언달바녀, 고음언달바녀, 묘장엄언달바녀, 풍례언달바녀, 법애언달바녀, 법시언달바녀, 청련화언달바녀, 백수언달바녀, 연화길상언달바녀, 대련화언달바녀, 체청정언달바녀,

彦達嚩女, 自在行彦達嚩女, 施地彦達嚩女, 施果彦達
嚩女, 師子步彦達嚩女, 炬母那花彦達嚩女, 妙意彦達
嚩女, 惠施彦達嚩女, 天語言彦達嚩女, 愛忍辱彦達嚩
女, 樂眞寂彦達嚩女, 寶牙彦達嚩女, 帝釋樂彦達嚩女,
世主眷屬彦達嚩女, 鹿王彦達嚩女, 變化吉祥彦達嚩女,
熖峯彦達嚩女, 貪解脫彦達嚩女, 瞋解脫彦達嚩女, 癡
解脫彦達嚩女, 善知識眷屬彦達嚩女, 寶座彦達嚩女,
往來彦達嚩女, 火光彦達嚩女, 月光彦達嚩女, 徧照眼
彦達嚩女, 金耀彦達嚩女, 樂善知識彦達嚩女, 如是等
諸彦達嚩女, 亦來集會。

復有百千緊那囉女, 所謂一意緊那囉女, 深意緊那囉女,
風行緊那囉女, 水行緊那囉女, 乘空緊那囉女, 迅疾緊
那囉女, 財施緊那囉女, 妙牙緊那囉女, 無動吉祥緊那
囉女, 染界緊那囉女, 熾盛光徧緊那囉女, 妙吉祥緊那
囉女, 寶篋緊那囉女, 觀財緊那囉女, 端嚴緊那囉女, 金
剛面緊那囉女, 金色緊那囉女, 殊妙莊嚴緊那囉女, 廣
額緊那囉女, 圍遶善知識緊那囉女, 主世緊那囉女, 虛
空護緊那囉女, 莊嚴王緊那囉女, 珠髻緊那囉女, 總持
珠緊那囉女, 明人圍遶緊那囉女, 百名緊那囉女,

자재행언달바녀, 시지언달바녀, 시과언달바녀, 사자보언달바녀, 거모나화언달바녀, 묘의언달바녀, 혜시언달바녀, 천어언달바녀, 애인욕언달바녀, 낙진적언달바녀, 보아언달바녀, 제석락언달바녀, 세주권속언달바녀, 녹왕언달바녀, 변화길상언달바녀, 염봉언달바녀, 탐해탈언달바녀, 진해탈언달바녀, 치해탈언달바녀, 선지식권속언달바녀, 보좌언달바녀, 왕래언달바녀, 화광언달바녀, 월광언달바녀, 변조안언달바녀, 금요언달바녀, 락선지식언달바녀이다. 이와 같은 등의 언달바녀도 또한 와서 회에 모이었다.

다시 또 백천의 긴나라녀가 있었다. 소위 일의긴나라녀, 심의긴나라녀, 풍행긴나라녀, 수행긴나라녀, 승공긴나라녀, 신질긴나라녀, 재시긴나라녀, 묘아긴나라녀, 무동길상긴나라녀, 염계긴나라녀, 치성광변긴나라녀, 묘길상긴나라녀, 보협긴나라녀, 관재긴나라녀, 단엄긴나라녀, 금강면긴나라녀, 금색긴나라녀, 수묘장엄긴나라녀, 광액긴나라녀, 위요선지식긴나라녀, 주세긴나라녀, 허공호긴나라녀, 장엄왕긴나라녀, 주계긴나라녀, 총지주긴나라녀, 명인위요긴나라녀, 백명긴나라녀,

施壽緊那囉女, 護持佛法緊那囉女, 法界護緊那囉女, 上莊嚴緊那囉女, 刹那上緊那囉女, 求法常持緊那囉女, 時常見緊那囉女, 無畏緊那囉女, 趣解脫緊那囉女, 常秘密緊那囉女, 馱總持緊那囉女, 釰光焰緊那囉女, 地行緊那囉女, 護天主緊那囉女, 妙天主緊那囉女, 寶王緊那囉女, 忍辱部緊那囉女, 行施緊那囉女, 多住處緊那囉女, 持戰器緊那囉女, 妙嚴緊那囉女, 妙意緊那囉女, 如是等諸緊那囉女, 亦來集會。

復有百千鄔波索迦, 鄔波斯迦, 亦來集會, 及餘無數在家, 出家之衆, 百千異見外道, 尼乾他等, 亦皆來於大集會中。

是時, 大阿鼻地獄出大光明, 其光徧照祇陀林園, 其園悉皆變成清淨, 現天摩尼寶莊嚴柱。微妙圓滿, 現大樓閣, 金寶校飾。復現諸房, 現黃金房白銀爲門, 現白銀房黃金爲門, 現金銀間錯房金銀間錯以爲其門, 現金銀間錯寶莊嚴殿金銀間錯 妙寶莊嚴以爲其柱,

시수긴나라녀, 호지불법긴나라녀, 법계호긴나라녀, 상장엄긴나라녀, 찰나상긴나라녀, 구법상지긴나라녀, 시상견긴나라녀, 무외긴나라녀, 취해탈긴나라녀, 상비밀긴나라녀, 사총지긴나라녀, 검광염긴나라녀, 지행긴나라녀, 호천주긴나라녀, 묘천주긴나라녀, 보와긴나라녀, 인욕부긴나라녀 행시긴나라녀, 다주처긴나라녀, 지전기긴나라녀, 묘엄긴나라녀, 묘의긴나라녀이다. 이와 같은 등의 여러 긴나라녀도 또한 와서 회에 모이었다.

다시 또한 백천의 우파색가[7] 우파사카도 또한 와서 회에 모였으며, 및 나머지 무수한 재가와 출가의 대중 백천과 이견외도와, 니건타[8] 등도 또한 모든 대중들이 모인 가운데 와서 있었다.

이때 대 아비지옥으로부터 대 광명이 출현하였다. 그 빛은 기타림원을 두루 비추니, 그 원은 모두 다 변하여 청정함을 이루었고, 천마니 보배로 장엄 되어 나타난 기둥은 미묘하고 원만하였으며, 대 누각이 금보로써 장식되어 나타났다. 다시 또한 여러 방을 나타내되, 황금 방에는 백은으로 문을 만들어 나타내었고, 백은 방에는 황금으로 문을 만들어 나타내었으며, 금과 은이 섞어 만든 방은 금과 은을 섞어 그 문을 만들어 나타내었으며, 금과 은을 섞어 만든 장엄된 전각에는 금과 은을 섞어 장엄하여 그 기둥을 만

---

7)   우파색가 - upāsaka. 우바새, 우바새가. 우파사가. 남자 신자를 뜻한다. upāsikā는 우바이, 우바사, 우파바사, 우파사카도 등으로 여성 신자를 가리킨다.

8)   니건타 - Nirgrantha. 니건, 니건자, 니건타자. 6대외도 중에 하나. 삼계의 묶임에서 벗어났다고 주장하며, 옷을 입지 아니하고, 몸의 털을 제거하며, 부끄러워할 줄 모르고 나체로써 고행하는 것. 苦行外道, 裸形外道, 無慚外道를 말한다.

現黃金殿白銀爲柱, 現白銀殿黃金爲柱, 或白銀殿天
諸妙寶以嚴其柱, 祇陀林樹上現種種天妙 衆寶而爲莊
嚴。

復現黃金劫樹白銀爲葉, 其樹上有種種莊嚴懸挂百種
上妙衣服嬌奢耶等。復有百千眞珠 瓔珞寶網羅上, 復
有百千上妙寶冠, 珥璫, 繒帶, 玲瓏 雜寶而嚴飾之。復
有上妙雜華, 上妙臥具微妙寶篋以爲嚴飾。如是種種
莊嚴劫樹出現, 其數而有百千。其祇陀林衆園門樓金
剛妙寶以爲階陛, 其樓上有無數殊妙繒綵, 眞珠, 瓔珞,
如是莊嚴。復有百千上妙寶池, 八功德水充滿其中, 而
有上妙圓滿雜華, 所謂優鉢羅華,

들어 나타내었고, 황금전각에는 백은으로써 기둥을 만들어 나타내었고, 백은전각에는 황금으로써 기둥을 만들어 나타내었으며, 혹은 백은전각에는 하늘의 여러 가지 묘한 뭇 보배로써 그 기둥을 장엄하였으며, 기타림의 나무 위에 여러 가지 천상의 묘한 보배로써 장엄하게 장식하여 나타내었다.

다시 황금의 겁수를 나타내되, 백은으로 그 잎을 만들었고, 그 나무 위에 여러 가지 장엄하되 백가지 좋고 묘한 옷과 교사야 등을 펼쳐 놓았다. 다시 또 백천의 진주 영락이 보배의 그물 위에 있다. 다시 또 백천의 좋고 묘한 보관과 귀걸이와 비단 띠와 영롱한 많은 보배로 이것을 장엄하였다. 다시 또 가장 좋고 묘한 여러 꽃과 가장 좋은 미묘한 와구와 미묘한 보배의 상자로써 장식되어 있었다. 이와 같은 여러 가지의 장엄하게 꾸민 겁수가 나타나니, 그 수효가 백천가지이다. 그 기타림의 많은 동산의 문루는 금강의 미묘한 보배로써 층계를 만들었고, 그 누각 위에 무수히 많은 수려하게 미묘한 비단채색과 진주와 영락으로 이와 같이 장엄하였다. 다시 또 백천의 가장 좋고 미묘한 보배의 연못이 있어, 팔공덕수[9]가 그 안에 가득하고, 그리하여 가장 좋고 미묘하며 원만하게 활짝 핀 여러 가지 꽃이 있다. 이르는바 우발라화[10], 구모

---

9) 팔공덕수 – 8支德水, 8味水, 8定水라 한다. 澄水, 淸冷, 甘味, 輕軟, 潤澤, 安和, 除饑渴, 長養諸根의 여덟 가지 특질을 가진 물을 말한다. 수미산을 에워싸고 있는 7內海에도 이 물이 가득 차 있다고 한다. 물을 마시면 목이 부드러워지고 배 속이 편안해진다고 한다.

10) 우발라화 – utpala. 연꽃의 일종. 睡蓮. 뿌리를 물 밑에 뻗고 둥근 잎만 수면에 뜬다. 아침에 피고 저녁에 오므리는 靑蓮華를 가리킨다.

矩母那華, 奔拏哩引迦華, 曼那囉華, 摩訶曼那囉華, 優
曇鉢羅華等, 盈滿池中。

復有種種上妙華樹, 所謂瞻波迦華樹, 迦囉尾囉華樹,
波吒攞華樹, 妙解脫華樹, 香雨華樹, 妙意華樹, 有如是
等悅意華樹。其祇樹園現如是等希有淨妙莊嚴之相。

是時會中有除蓋障菩薩摩訶薩, 從座而起, 偏袒右肩,
右膝著地, 合掌恭敬, 瞻仰尊顏而白佛言:

나화[11], 분다리가화[12], 만나라화, 마하만나라화, 우담발라화[13] 등이 연못 안에 가득하였다.

다시 또한 여러 가지 가장 좋고 미묘한 꽃나무가 있다. 이르는바 첨파가화수[14], 가라미라화수[15], 파타라화수[16], 묘해탈화수, 향우화수, 묘의화수이다. 이와 같은 등의 마음을 기쁘게 하는 꽃나무가 있었다. 그 기수급원은 이와 같은 등의 희유하고 청정하고 미묘한 것으로 장엄한 모습을 나타내었다.

이때 모인 대중들 가운데 제개장보살마하살[17]이 있어 자리로부터 일어나 한쪽 옷을 걸어 오른쪽 어깨를 들어 내며 오른쪽 무릎을 땅에 대고, 합장하여 공경하며, 존안을 우러러보며, 부처님께

---

11) 구모나화 - Kumuda. 구무나화. 연꽃의 일종. 적연화로 짙은 붉은색 꽃이다. 불꽃과 같은 색이라고도 한다.

12) 분다리가화 - puṇḍarīka. 분다리라고도 한다. 白蓮華라 번역. 5종연화(분다리가화(分茶利迦=白), 발두마화(鉢頭摩華=赤紅黃白. 파두마), 우발라화(優鉢羅華=靑紅赤白), 구물두화(拘物頭華=白赤黃靑. 밤사이에 피는꽃), 니로발라화(泥盧鉢羅華=靑). 의 하나. 진흙에 피어나지만 8법에 의하여 물들지 않음이 마치 연꽃과 같다. 4덕이 있다. 첫째 향이 좋다. 둘째 청정하다. 셋째 유연하다. 넷째 아름답다. 이것은 법계의 진여가 常樂我淨의 네 가지 덕을 갖춘 것과 같다. 眞如처럼 뭇 꽃 중에 가장 뛰어난 꽃이라고 한다.

13) 우담발라화 - udumbara. 우담바라, 오담발라, 오담으로 번역하여 靈瑞 瑞應이라 한다. 인도에서는 전륜성왕이 출현할 때 꽃이 핀다는 상상의 식물이다. 3000년에 한 번 꽃이 핀다는 것이다. 식물학상으로는 우담화는 뽕나무과에 속하며 무화과에 딸린 한 종류이다. 인도에서는 보리수와 함께 신성한 나무로 생각한다. 구나함모니불의 성도나무이다.

14) 첨파가화수 - campaka. 금색화수 또는 黃華水, 단파가라 번역한다. 나무가 크고 높으며 꽃은 금빛갈이요, 향기가 멀리 퍼진다. 금시조가 이 위에 앉는다고 한다.

15) 가라미라화수 - karavīra. 羯囉微囉樹. 갈라미라수. 夾竹桃로 상록관목의 하나. 인도, 네팔 등지에 서식한다. 줄기는 좁고 긴 바늘 모양이며, 붉은색이나 황백색의 꽃이 핀다. 꽃은 密敎儀式에 사용된다. 잎에서 나는 기름은 눈을 맑게 하는 효능이 있다. 이 꽃을 태워 병을 치료하는 救病儀式에 사용한다.

16) 파타라화 - pāṭalā. 발달라, 重葉樹, 가래나무와 비슷하며 향기가 좋다. 꽃은 자주빛이다.

17) 범어 Sarvanīvaraṇ=viskambhin.온갖 번뇌의 장애를 제한다는 뜻이다. 일체중생들의 번뇌를 제하기 위하여 항상 삼매에 머물고 잇는 보살이다.

「希有世尊, 我今心中而有疑事, 欲問如來。唯願世尊! 聽我所問。世尊今於此處, 有大光明, 爲從何來, 以何因緣而現如是希奇之相?」

爾時, 世尊告除蓋障菩薩言 :

「善男子, 汝等諦聽。吾當爲汝分別解說。此大光明是聖觀自在菩薩摩訶薩入大阿鼻地獄之中, 爲欲救度一切受大苦惱諸有情故。救彼苦已, 復入大城, 救度一切餓鬼之苦。」

是時, 除蓋障菩薩摩訶薩復白佛言 :

「世尊! 其大阿鼻地獄, 周圍鐵城, 地復是鐵。其城四周 無有間斷, 猛火煙焰, 恒時熾燃。如是惡趣地獄之中, 有大鑊湯, 其水湧沸,

아뢰어 말씀하였다.

"희유합니다. 부처님이시여! 저는 지금 마음속에 의심나는 것이 있어 부처님께 여쭙고자 합니다. 오직 원하건대 부처님이시여! 저의 묻는 바를 들어 주소서! 부처님이시여! 지금 이곳에 있는 대광명은 어디로부터 왔으며, 어떠한 인연으로 이와 같이 희귀하고 기이한 모습으로 나타났습니까?"

이때에 부처님은 제개장보살에게 고하여 말씀하시었다.

"선남자야! 너희들은 자세히 들어라. 내가 마땅히 너희들을 위하여 분별하여 해설할 것이니라. 이 대 광명은 곧 성관자재보살마하살[18]이 대 아비지옥 속으로 들어 가서 일체의 큰 고뇌를 받는 일체유정들을 모두 구제하여 제도하려고 하기 때문이다. 저들의 괴로움을 구제하고 나서는 다시 큰 성으로 들어가 일체 아귀들의 괴로움을 구제하여 제도하여 주려는 것이니라."

이때 제개장보살마하살이 다시 부처님께 아뢰어 말씀하였다.

"부처님이시여! 이 대 아비지옥은 철로 둘러싸여 있는 성으로써 땅도 또한 쇠입니다. 그 성의 네 둘레가 끊어짐이 없으며, 맹렬한 불과 연기와 불꽃이 항상 치열하게 타오르고 있습니다. 이와 같은 악취지옥 중에 큰 가마솥에서는 그 물이 끓어오르고 있으며,

---

18)　성관자재보살 - 모든 관음의 근본 총체. 6관음(성관음, 천수관음, 마두관음, 십일면관음, 준제관음, 여의륜관음. 준제관음을 빼고 불공견색관음을 말하기도 함.)의 하나이다. 聖觀音으로 지옥 중생을 교화하여 깨달음으로 인도하는 대비관세음보살이다.

而有百千俱胝那庾多有情, 悉皆擲入鑊湯之中, 譬如水鍋煎熬諸豆, 盛沸之時, 或上或下, 而無間斷, 熬之糜爛。阿鼻地獄其中有情, 受如是苦。世尊! 聖觀自在菩薩摩訶薩, 以何方便 入於其中?」

世尊, 復告除蓋障菩薩摩訶薩言:

「善男子, 由如轉輪聖王入天摩尼寶園,

如是善男子, 聖觀自在菩薩摩訶薩入大阿鼻地獄之時, 其身不能有所障礙, 時阿鼻地獄一切苦具無能逼切菩薩之身, 其大地獄猛火悉滅, 成清涼地。」

是時, 獄中閻魔獄卒心生驚疑怖,

「未曾有。何故此中忽然變成如是非常之相?」

是時, 觀自在菩薩摩訶薩入其獄中,

그리하여 백천구지나유타[19]나 되는 유정들이 있어 모두 다 끓는 가마솥 물속에 던져지는 것이 비유하면, 마치 물 끓이는 냄비에 콩을 볶는 것과 같습니다. 한창 이것을 끓일 때는 혹은 위로 올라오고, 혹은 아래로 내려가며, 그리하여 끊임없이 그들을 볶아 익힙니다. 아비지옥 그 속에 있는 유정들이 이와 같은 괴로움을 받고 있을 때. 부처님이시여! 성관자재보살마하살은 어떤 방편으로서 그 가운데 들어가나이까?"

부처님이 다시 제개장보살마하살에게 고하여 말씀하시었다.

"선남자야! 전륜성왕이 천마니 보배의 동산으로 들어가는 것과 같으니라. 이와 같이 선남자야! 성관자재보살마하살은 대 아비지옥으로 들어갈 때, 그 몸에 어떠한 장애를 받는 것이 없느니라. 때에 아비지옥의 일체 고를 주는 도구들도 능히 보살의 몸을 핍박할 수 없으며, 그 대지옥의 맹렬한 불꽃도 모두 멸하여 청정한 땅을 이루게 되느니라."

이때 옥중에 염마옥졸들이 마음에 놀라고 의심하고 괴이하게 생각하였다.

'아직 일찍 있지 아니한 일이다. 무슨 까닭으로 이 가운데 홀연히 이와 같이 평소와 다른 모습으로 변할까?'

이때 관자재보살마하살이 저 지옥 가운데로 들어가니 저 끓던 가

---

19) 나유타 - nayuta. 나유다, 나유차, 나술, 나유 등이다. 인도 수량의 단위, 52수, 또는 60수의 하나. 극히 큰 수로 1만, 10만, 1천억 1조, 1구 등으로 한역한다. 범어 ayuta는 백배라고도 한다.

破彼鑊湯, 猛火悉滅, 其大火坑變成寶池, 池中蓮華大
如車輪。是時閻魔獄卒見是事已, 將諸治罰器杖, 弓劒,
鎚棒, 弓箭, 鐵輪, 三股又等, 往詣閻魔天子, 到已白言:
「大王決定能知? 我此業報之地, 以何事故悉皆滅
盡?」

時, 閻魔天子言:

「云何汝所業報之地悉皆滅盡?」

復白閻魔天子言:

「彼大阿鼻地獄變成清涼。如是事時, 有一色相端嚴
之人, 髮髻頂戴天妙寶冠, 莊嚴其身, 入地獄中, 鑊湯破
壞, 火坑成池, 池中蓮華大如車輪。」

是時, 閻魔天子諦心思惟:

마솥은 부서지고 맹렬한 불꽃이 모두 사라지며, 그 큰 불구덩이가 보배의 연못으로 변했으며, 연못 속에 연꽃이 피어 크기가 마치 수레바퀴와 같음이라. 이때 염마옥졸이 이 일을 보고 여러 가지 벌을 다스리는 무기와 태장과 활과 칼과 망치와 몽둥이와 화살과 철륜과 삼고저[20] 등을 가지고 염마천자[21]에게 나아가서 아뢰었다.

"대왕께서는 결정코 능히 다 아실 수 있습니까? 우리들의 이 업보의 땅을 무슨 일로 모두 다 멸하여 없애려 하십니까?"

때에 염마천자가 말씀하였다.

"어찌하여 너희들은 업보의 땅이 모두 다 멸하여 없어졌다고 하는가?"

다시 염마옥졸들이 염마천자에게 아뢰었다.

"저 대 아비지옥이 변하여 청량하게 되었습니다. 이와 같은 일이 있을 때, 모습이 단엄한 어떤 사람이 있어 머리에 상투를 틀고 하늘의 미묘한 꽃으로 장엄하였으며, 그 몸을 지옥 중으로 들어가니, 끓던 솥 가마가 파괴되고, 불구덩이는 연못으로 되었으며, 연못 가운데 연꽃은 크기가 수레와 같았습니다."

이때 염마천자가 마음으로 곰곰이 생각하였다.

---

20) 삼고저 - 금강저의 일종. 독고저 오고저 등이 있다. 악마사신을 항복 받을 때 사용하는 법구이다.

21) Yama. 冥界를 다스리는 천으로 염라천이라고도 한다. 밀교에서는 12천의 하나이며, 야마천이라고도 한다.

「是何天人威力如是? 爲大自在天, 爲那羅延等? 到彼
地獄, 變現如是不可思議, 爲是大力十頭羅刹威神變化
耶?」

爾時, 閻魔天子以天眼通, 觀此天上, 觀諸天已。是時
復觀阿鼻地獄, 見觀自在菩薩摩訶薩。如是見已, 速疾
往詣 觀自在菩薩摩訶薩所, 到已頭面禮足, 發誠實言,
以偈讚曰:

『歸命蓮華王 大悲觀自在 大自在吉祥 能施有情願

'이 어떤 천인의 위력이 이와 같을까? 대 자재천[22]인가? 나라연천 등인가? 저가 지옥에 도달하여 이와 같이 변화시키는 것은 불가사의한 일이다. 이는 큰 힘을 가진 십두나찰[23]의 위신력으로 변화시켰을까?'

이때 염마천자는 천안통[24]으로써 천상을 관하여 모든 천을 두루 보았다. 그리고 때에 다시 아비지옥을 관하면서 관자재보살마하살을 보았다. 이와 같이 보고 나서 속히 관자재보살마하살이 계시는 곳으로 나아갔다. 그곳에 이르러 머리를 땅에 대고 발에 예배하고서 성실한 말씨로써 게송으로 찬탄하였다.

"연화왕이신

대비관자재보살에게 귀명합니다.

대자재길상께서는

능히 유정이 원하는 것을 베풀어주시나이다.

---

22) 마혜수라, 天主, 이사나천, 상갈라천 등으로 이름 한다. 인도고대의 쉬바신이 불교에서는 대자재천이라 한다. 밀교에서는 보현보살과 동일신으로 보기도 한다. 금강살타로 나타내기도 한다.

23) 나찰 - rākṣasa. 나찰사, 나차사, 나걸차사, 아락찰사 등으로 음사 한다. 악귀의 총칭, 본래는 인도 토착민의 명칭이었는데 아리안족이 인도를 정복한 후에 악인의 대명사로 되었다. 나찰과 나찰녀로 구분한다. 나찰녀를 나차사, 또는 나찰사라 한다. 남자는 추하게 생겼고 여자는 아름답게 생겼으므로 언제든지 사람의 혈육을 먹는다. 공중으로 날아다니는 빠르고 포악한 귀신을 말한다.

24) 천안통 - 六神通의 하나. 본래는 色界에 나는 하늘들이 殊勝하고 精妙한 육신을 타고 난 바에 의해 얻어진 眼根이다. 선정을 얻으므로 자유자재하게 훤히 아는 힘을 얻는 것을 말한다.

具大威神力 降伏極暴惡 暗趣爲明燈 覩者皆無畏。

示現百千臂 其眼亦復然 具足十一面 智如四大海。

愛樂微妙法 爲救諸有情 龜魚水族等 最上智如山

施寶濟群生 最上大吉祥 具福智莊嚴 入於阿鼻獄

큰 위신력을 갖추어서

지극히 포악한 자를 항복시키고

어두운 악취에 밝은 등불이 되시어서

보는 자는 모두 두려움이 없어지나이다.

백천의 팔을 나타내 보이시고

그 눈도 또한 다시 그러하오며

십일면[25]을 구족 하셨으니,

지혜는 마치 큰 바다와 같으심이라

미묘한 법을 사랑하여 즐기시어서

모든 유정과 자라와

고기들과 수족 등을 구제하기 위하는

가장 뛰어난 지혜는 산과 같으십니다.

보배를 베풀어 많은 생명을 건지시며

가장 뛰어난 대 길상으로써

---

25) 십일면관음 - Avalokiteśvara-ekādaśamukha. 6관음의 한 분으로 아수라도에 있는 중생들을 구
    제하는 보살이다. 십바라밀과 십지를 만족시켜 묘각에 이르게 하는 보살이다. 중생으로 하
    여금 11가지 번뇌를 끊고 십일지의 불과를 얻게 하는 보살이다. 본얼굴에 좌우로 각각 한 얼
    굴이 있고 그 위에 5 얼굴이 있으며 다시 그 위에 3 얼굴이 있다. 또한 전방을 향한 3면은 寂
    靜相, 좌측의 3면은 威怒相, 우측 3면은 利牙出現相, 뒤의 1면은 笑怒相, 정수리의 1면은
    如來相으로 나타나는 보살이다. 석굴암의 11면관음상은 앞의 모습이다.

變成淸涼地 諸天皆供養 頂禮施無畏 說六波羅蜜

恒燃法燈炬 法眼逾日明 端嚴妙色相 身相如金山

妙腹深法海 眞如意相應 妙德口中現 積集三摩地。

無數百千万 有無量快樂 端嚴最上仙 恐怖惡道中。

복과 지혜를 갖추어서

이로써 장엄을 하였음이라.

아비지옥에 들어가서

청량한 땅으로 변화시키시며

모든 천이 모두 다 공양하는

시무외(施無畏)님께 정례 하옵니다.

육바라밀을 설하시어서

항상 법등의 횃불을 피우시며

법안은 해의 밝음과 같으시고

단정하고 엄숙하여 미묘한 빛의 상만을 갖추었습니다.

몸의 모습은 마치 금산과 같으시고

미묘한 배는 깊기는 법의 바다를 덮으시며

진여의 뜻에 상응하오며

미묘한 덕을 입 가운데 나타내십니다.

삼마지를 적집 하시어서,

무수한 백천만의 무량한 쾌락이 있으시고

단엄함이 최상의 선인이시니

枷鎖得解脫 施一切無畏 眷屬衆圍遶 所願皆如意。

如獲摩尼寶 破壞餓鬼城 開爲寂靜道 救度世間病

如蓋覆於幢 難陀跋難陀 二龍爲絡腋 手執不空索

現無數威德 能破三界怖 金剛手藥叉 羅刹及步多

악도 중에서 두려워함입니다.

칼과 사슬에서 해탈함을 얻게 하시고
일체의 두려움 없음을 베푸시나니
권속의 무리들이 위요하며
원하는 것은 모두 뜻과 같이 이루어지나이다.

마치 마니보배를 얻음과 같음이요
아귀의 성을 파괴하여
열어서 적정도(寂靜道)로 만드시고
저 세간의 병을 구제하여 건지시옵니다.

마치 깃발을 덮는 것과 같음이라.
난타와 발난타의 두 용은
그를 위하여 양쪽에서 부축하니
손에는 불공견색을 잡고 계십니다.
무수한 위덕을 나타내시어서
능히 삼계의 두려움을 깨뜨리심이라.
금강수와 야차와 나찰과 및 보다(步多)[26]와

---

26) 步多 - bhūta. 귀신, 精靈神을 말한다.

尾多拏枳你 及與栱畔拏 阿鉢娑麼囉 悉皆懷恐怖。

優鉢羅華眼 明主施無畏 一切煩惱等 種種皆解脫。

入於微塵數 百千三摩地 開示諸境界 一切惡道中,

皆令得解脫 成就菩提道。』

是時, 閻魔天子種種讚歎供養觀自在菩薩摩訶薩已, 旋遶三匝, 却還本處。

爾時, 除蓋障菩薩復白佛言 :

미다(尾多)와 나지이(拏枳爾)²⁷⁾와

및 공반나(拱畔拏)와 더불어

아발사마라(阿鉢娑磨羅)²⁸⁾가는

모두 다 두려움을 품으면서

우발라화의 눈을 지녔습니다.

두려움을 없애주시는 명주께서는

일체의 번뇌 등

여러 가지를 모두 해탈케 하시며

많은 저 미진수의 백천의 삼마지에 들어가시어서

여러 경계를 열어 보이시어

일체 악도 중에서

모두 다 하여금 해탈을 얻게 하시고

보리도를 성취케 하나이다.”

이때 염마천자는 여러 가지로 관자재보살마하살을 찬탄하여 공
양하고 나서 두루 세번을 돌고 제자리로 돌아갔다.
이때 제개장보살은 다시 부처님께 아뢰어 말씀하였다.

---

27) 拏枳儞 - Ḍākinī. 야차의 한 종류이다. 나길니, 다길니 등으로 음사한다. 空行母라 한역한다.
28) 아발사마라가 - apasmāra. 아발마라, 36부 鬼王 중 하나이다. 청색귀라고도 한다. 熱病鬼로
사람을 미치게 하는 귀신이다. 사람의 몸속으로 들어가 손발의 근육을 움직이게 하고 입에
서 가래를 토하게 하는 열병귀이다.

「世尊! 彼觀自在菩薩摩訶薩救是苦已, 還來於此會中耶?」

佛告除蓋障菩薩言 :

「善男子, 彼觀自在菩薩從大阿鼻地獄出已, 復入餓鬼大城。其中有無數百千餓鬼, 口出火焰, 燒燃面目, 形體枯瘦, 頭髮蓬亂, 身毛皆豎, 腹大如山, 其咽如針。是時觀自在菩薩摩訶薩往詣餓鬼大城, 其城熾燃業火悉滅, 變成清涼,

時有守門鬼將執熱鐵棒, 醜形巨質, 兩眼深赤, 發起慈心:

「我今不能守護如是惡業之地。」

是時, 觀自在菩薩摩訶薩起大悲心, 於十指端, 各各出河, 又於足指, 亦各出河, 一一毛孔皆出大河, 是諸餓鬼飲其中水。飲是水時, 咽喉寬大, 身相圓滿。復得種種上味飲食, 悉皆飽滿。

"부처님이시여? 저 관자재보살마하살은 이 괴로움을 구제하고 나서 다시 이 모임 속으로 돌아오십니까?"

부처님께서 제개장보살에게 고하여 말씀하시었다.

"선남자야! 저 관자재보살은 대 아비지옥으로부터 나와서, 다시 아귀대성으로 들어가신다. 그 가운데 무수한 백천의 아귀가 있다. 입으로부터 불길을 뿜어내어 얼굴을 태우며, 형체가 수척하고, 머리카락이 쑥대 같이 흩어지고 몸의 털은 모두 다 솟구쳤으며, 배는 크기가 산과 같고, 그 목구멍은 마치 바늘과 같음이라. 이때 관자재보살마하살이 아귀대성에 이르려면, 그 성의 치열하게 불타오르는 업의 불꽃이 모두 멸하여 청량하게 변화시켰다. 때에 문을 지키는 귀장이 있어 뜨거운 쇠몽둥이를 들고 추악한 큰 몸덩이에 두 눈이 깊고 붉음이라, 이에 자비스러운 마음을 일으키면서 '내가 이제 이와 같은 악업의 땅을 능히 지킬 수가 없겠구나!' 하니라."

이때 관자재보살마하살은 대비심을 일으켜서 열 손가락 끝에서 각각 강물을 유출하며, 또한 저 발가락에서도 또한 각각 강물을 유출하며, 낱낱의 털구멍이 모두 큰 강물을 유출하니, 이에 모든 아귀 등이 그 가운데에서 물을 마심이라. 이 물을 마실 때 목구멍이 넓어지며 큰 몸의 모양이 원만하여짐이라 다시 여러 가지 맛이 있는 음식을 먹어 모두 다 배부름을 얻게 됨이라. 이 모든 아귀들이 이미 이와 같은 이익과 안락함을 얻고 나서 각각 마음

此諸餓鬼既獲如是利益安樂, 各各心中, 審諦思惟 :

「南贍部洲人, 何故常受清涼安隱快樂? 其中或有善能常行恭敬孝養父母者, 或有善能惠施遵奉善知識者, 或有聰慧明達常好大乘者, 或有善能行八聖道者, 或有善能擊法犍稚者, 或有善能修破壞僧伽藍者, 或有善能修故佛塔者, 或有善能修破損塔相輪者, 或有善能供養尊重法師者, 或有善能見如來經行處者, 或有善能見菩薩經行處者, 或有善能見辟支佛經行處者, 或有善能見阿羅漢經行處者」, 作是思惟南贍部洲有如是等修行之事。是時此 『大乘莊嚴寶王經』 中, 自然出微妙聲, 是諸餓鬼得聞其聲,

속에 살펴 생각하였다.

'남섬부주 사람들은 어찌하여 항상 청량하고 안온한 쾌락을 받는 것인가?, 그 가운데 혹 잘 능히 항상 부모에게 공경과 효성스러운 봉양을 행하는 자가 있는가? 혹은 잘 능히 선지식에게 베풀고 따라 받드는 자가 있는가? 혹은 밝은 지혜가 총명하여 밝게 통달하며 항상 대승을 좋아하는 자가 있는가? 혹은 잘 능히 팔성도를 행하는 자도 있는가? 혹은 잘 능히 법의 근치를 치는 자가 있는가? 혹은 잘 능히 파괴된 승가람을 고치는 자가 있는가? 혹은 잘 능히 옛 불탑을 수리하는 자가 있는가? 혹은 잘 능히 파손된 탑의 상륜을 고치는 자가 있는가? 혹은 잘 능히 법사를 공양하여 존중 하는 자가 있는가? 혹은 잘 능히 여래의 경행처[29]를 보는 자가 있는가? 혹은 잘 능히 보살의 경행처를 볼 수 있는가? 혹은 잘 능히 벽지불[30]의 경행처를 볼 수 있는가? 혹은 잘 능히 아라한의 경행처를 보는 자가 있는가?'

이러한 생각을 하였다.

'남섬부주에서는 이와 같은 등의 수행을 하는 일이 있겠구나!'

이때 이『대승장엄보왕경』중에서 자연스럽게 미묘한 소리가 유출되었다. 이에 모든 아귀는 그 소리를 듣고는 집착된바 신견(身

---

29) 경행처 - 좌선 중 피로를 풀고 졸음을 쫓기 위하여 산책하고 왕래하는 장소 집 밖에 있었으나 후대에는 회랑을 이용하기도 하였다.
30) 벽지불 - pratyeka. 辟支迦佛陀의 줄인 말. 緣覺, 獨覺, 因緣覺, 緣一覺이라고도 한다. 부처님이 계시지 않는 세상에 태어나 스스로 수행하여 깨달음을 얻은 분이다. 꽃이 피고 잎이 지는 것 등의 연기법을 스승 없이 혼자 깨달음을 얻은 분.

所執身見雖如山峯, 及諸煩惱, 金剛智杵破壞無餘, 便得往生極樂世界, 皆爲菩薩, 名隨意口。」

是時, 觀自在菩薩摩訶薩救斯苦已, 又往他方諸世界中, 救度有情。是時除蓋障復白佛言：

「世尊! 觀自在菩薩摩訶薩來於此處, 救度有情耶?」

世尊告言：

「善男子, 是觀自在菩薩救度無數百千俱胝那庾多有情, 恒無間息, 具大威力過於如來。」

除蓋障白言：

「世尊! 觀自在菩薩摩訶薩, 云何有如是大威神力?」

佛告：

「善男子, 於過去劫, 有佛出世, 名尾鉢尸如來, 應供, 正徧知, 明行足, 善逝, 世間解, 無上士, 調御丈夫, 天人師, 佛世尊。我於是時, 於一長者家,

見)이 비록 산봉우리와 같으나 미치는 모든 번뇌를 금강지혜의 방망이로 남김없이 파괴하고 곧 극락세계에 왕생함을 얻었으며, 모두 다 보살이 되어 이름을 수의구(隨意口)라고 하였느니라."

이때 관자재보살마하살은 이러한 괴로움을 구제하여 마치시고 또 다른 세계 속으로 가서 유정들을 구제하여 건지시느니라.

이때 제개장보살이 다시 부처님께 아뢰어 말씀하였다.

"부처님이시여! 관자재보살마하살은 이곳에 와서 유정을 구제할 것입니까?"

부처님께서 고하여 말씀하시었다.

"선남자야! 이 관자재보살은 무수백천구지나유타의 유정을 항상 쉬지 아니하고 구제하여 건지시되, 대위력을 갖춤이 여래보다 더 뛰어나느니라."

제개장보살이 아뢰어 말씀하였다.

"부처님이시여! 관자재보살마하살은 어찌하여 이와 같은 대 위신력이 있습니까?"

부처님께서 말씀하시었다.

"선남자야! 저 과거겁에 어떤 부처님이 세상에 출현하시었다. 이름이 미발시[31]여래, 응공, 정변지, 명행족, 선서, 세간해, 무상사, 조어장부, 천인사, 불세존[32]이라. 나는 이때 한 장자의 집에 아들

---

31) 과거7불 중 첫 번째 부처님인 비바시불의 다른 음사이다.
32) 여래10호로 대각의 위에 오른 위신공력을 말한다. 즉 무상정등정각을 이룬 자만이 갖추어

爲子名妙香口。於彼佛所, 聞是觀自在菩薩 威神功
德。」

時, 除蓋障白言:

「世尊所聞, 觀自在菩薩摩訶薩 威神功德, 其事云
何?」

世尊告言:

「觀自在菩薩於其眼中而出日月, 額中出大自在天, 肩
出梵王天, 心出那羅延天, 牙出大辯才天, 口出風天, 臍
出地天, 腹出水天, 觀自在身出生如是諸天。」

時, 觀自在菩薩告大自在天子言:

「汝於未來末法世時, 有情界中, 而有眾生執著邪見,
皆謂汝於無始已來爲大主宰, 而能出生一切有情。

是時, 眾生失菩提道, 愚癡迷惑, 作如是言:

「此虛空大身 大地以爲座 境界及有情 皆從是身出」

이 되어 이름을 묘향구라고 하였다. 저 부처님의 계신 곳에서 이 관자재보살의 위신공덕을 들었느니라."

때에 제개장보살이 아뢰어 말씀하였다.

"부처님께서 들으신 바의 관자재보살마하살의 위신공덕은 그 일 들이 어떤 것입니까?"

부처님께서 고하여 말씀하시었다.

"관자재보살은 그 눈 가운데서는 해와 달을 출현하였고, 이마 가 운데서는 대자재천을 유출하였고, 어깨로는 범왕천을 유출하였 고, 마음으로는 나라연천을 출현하였고, 이로는 대변재천을 유출 하였고, 입으로는 풍천을 유출하였고, 배꼽으로는 지천을 유출하 였고, 배로는 수천을 유출하셨다. 관자재의 몸은 이와 같이 여러 천을 출생시키느니라."

때에 관자재보살이 대자재천자에게 고하여 말씀하시었다.

"너는 저 미래의 말법시대에 유정계 중에 있을 것이다. 그리하여 어떤 중생이 사견에 집착함이 있으면, 모두 다 너에게 말하기를 모두 무시 이래로 대 주재가 되어 그리하여 능히 일체 유정을 출 생 시킬 것이라고 말할 것이다. 이때 중생은 보리도를 잃고 어리 석음과 미혹함으로 이와 같은 말을 할 것이다."

"이 허공의 큰 몸은 대지로써 앉을 자리로 삼으시고, 경계와 및 유정은 모두 다 이 몸으로부터 유출할 것이다."

지는 것이다. 일반적으로 깨달음을 얻은 것은 10호 중 하나를 얻은 것에 불과하다.

「如是, 善男子! 我於尾鉢尸如來所, 聞是已後, 復有佛出, 號式棄如來, 應供, 正徧知, 明行足, 善逝, 世間解, 無上士, 調御丈夫, 天人師, 佛世尊。除蓋障! 我於是時, 爲勇施菩薩摩訶薩, 於彼佛所, 聞觀自在菩薩摩訶薩威神功德。」

除蓋障言:

「世尊所聞觀自在菩薩摩訶薩威神功德, 其事云何?」

佛言:

『是時, 式棄如來會中, 有一切天龍, 藥叉, 阿蘇囉, 蘗嚕拏, 摩護囉誐, 人及非人, 悉來集會。

時, 彼世尊於是衆中, 欲說法時, 口放種種雜色光明, 所謂靑色靑光, 黃色黃光, 赤色赤光, 白色白光, 紅色紅光, 玻胝迦色玻胝迦光, 金色金光。其光徧照十方一切世界, 時, 彼世尊於是衆中, 欲說法時, 口放種種雜色光明, 所謂靑色靑光, 黃色黃光, 赤色赤光, 白色白光, 紅色紅光, 玻胝迦色玻胝迦光, 金色金光。其光徧照十方一切世界,

"이와 같이 선남자야! 나는 미발시여래가 계신 곳에서 이것을 듣고 나서 그 뒤 다시 부처님이 출현하시었다. 이름을 식기여래[33], 응공, 정변지, 명행족, 선서, 세간해, 무상사, 조어장부, 천인사, 불세존이니라. 제개장이여! 나는 이때 있어서 용시보살마하살[34]이되어 저 부처님의 처소에 가서 관자재보살마하살의 위신공덕을 들었음이니라"

제개장보살이 말씀하였다.

"부처님께서 들으신 바의 관자재보살마하살의 위신공덕은 그 어떠한 것입니까?"

부처님이 말씀하시었다.

"이때 식기여래가 계신 곳에 일체의 천, 용, 야차, 아수라, 가루라, 마하라가[35], 인간 및 비인이 있어, 모두 와서 회에 모이었다. 때에저 부처님께서는 이 대중 가운데서 법을 설하려고 할 때, 입에서 여러 가지 잡색의 광명을 놓으시었다. 이르는바 푸른빛의 청광, 누른빛의 황광, 붉은빛의 적광, 흰빛의 백광, 홍빛의 홍광, 수정색의 파지가광, 금빛의 금광이다. 그 빛이 시방일체 세계에 두루 비

---

33) 과거7불 중에 두 번째 시기불을 말한다. 시기불은 과거 31겁 시기에 태어났고 당시 사람의 수명은 7만세였다. 분다리나무 아래에서 정각을 이루고 3회에 걸쳐 중생을 제도하였다.

34) 용시보살 - Pradānaśūra. 법화만다라의 보살. 엄중한 계를 범한 다음 무생인을 깨달은 보살이다. 이는 과거 무량겁에 무구광불이 열반에 드신 뒤 용시라는 비구가 걸식하러 간 인연 때문에 어떤 여인과 음욕의 정사를 벌였고, 미혹되어 다시 독약을 이 여인에게 주어 남편을 죽게 시켰다. 이것이 음행과 살생이라는 중죄를 범한 것이다.

35) 마하라가 - 大力, 大臣, 大將, 大得, 龍象이라 한다. 空과 有를 함께 관찰하여 온갖 변화를 행하면서 부처님을 친근하기 때문에 大臣, 大將이라 한다. 사리불이 佛法의 대장이라 한 것도 이와 같다.

其光還來遶佛三匝, 却入於口。時彼會中, 有寶手菩薩摩訶薩, 從座而起, 偏袒右肩, 右膝著地, 合掌恭敬, 白世尊言:

「何因何緣, 出現斯瑞?」

佛告善男子:

「極樂世界, 有觀自在菩薩摩訶薩, 欲來於此, 故現斯瑞。彼觀自在來此之時, 出現種種劫樹, 華樹, 矩母那華樹, 瞻波迦華樹, 復現雜華寶池, 樹雨種種妙華, 又雨諸寶摩尼, 眞珠, 琉璃, 螺貝, 璧玉, 珊瑚等寶, 又雨天衣如雲而下。彼時祇樹給孤獨園, 七寶出現, 所謂金輪寶, 象寶, 馬寶, 珠寶, 女寶, 主藏寶, 主兵寶。如是七寶出現之時, 其地悉皆變成金色。是時, 觀自在菩薩摩訶薩出彼極樂世界之時, 地六震動。」

추었다. 그 빛이 다시 돌아와서 부처님을 세번 돌아 다시 저 입으로 들어갔느니라. 때에 저 모인 대중에 보수보살마하살[36]이 있어 자리로부터 일어나 오른쪽 어깨에 옷을 걸고 오른쪽 무릎을 땅에 대고 합장공경하며 부처님께 아뢰어 말씀하였다.

"어떠한 인과 어떠한 연으로 이 상서로움을 나타내시는 것입니까?"

부처님께서 선남자에게 말씀하시었다.

"극락세계에 관자재보살마하살이 있어 이곳으로 오고자 하시기 때문에 이 상서로움을 나타내는 것이다. 저 관자재보살이 이곳에 오실 때에 여러 가지 겁수, 화수, 구모나화수, 첨파가화수를 나타낸다. 다시 잡꽃과 보배로 된 연못과, 수우와 여러 가지 묘한 꽃이 나타낸다. 또한 모든 보배마니, 진주, 유리 나패, 벽옥, 산호 등의 보배를 비오듯이 내린다. 또한 천의(天衣)를 비 오듯 하는 것이 마치 구름과 같이 내림이라, 저 때에 기수급고독원에 칠보[37]가 출현한다. 이르는바 금륜보, 상보, 마보, 주보, 여보(女寶), 주장보, 주병보(主兵寶)이다. 이와 같은 칠보가 출현할 때, 그 땅이 모두 다 금색으로 변화되었음이라. 이때는 관자재보살마하살이 저 극락세계를 나오실 때 땅은 육종으로 진동하였느니라."

---

36) 寶手菩薩은 범어로 Ratnapāṇi의 한역이며, 囉怛曩播抳.라 음사한다. 보살은 청정한 보리심의 여의보주를 가지고 일체 서원을 만족시킨다.
37) 칠보 – 인도 신화에 나오는 전륜성왕의 칠보.

爾時, 寶手菩薩摩訶薩, 白世尊言:

「以何因緣出現斯瑞?」』

佛言:

「善男子, 是觀自在菩薩摩訶薩 欲來到此, 故現斯瑞。」

是時, 又雨適意 妙華及妙蓮華。時, 觀自在菩薩手執金色光明千葉蓮華, 來詣佛所, 頂禮佛足, 持是蓮華, 奉上世尊:

「此華是無量壽佛令我持來。」

世尊受是蓮華, 致在左邊, 佛告觀自在菩薩摩訶薩:

「汝今現是神力功德莊嚴, 於意云何?」

觀自在言:

「我爲救度一切惡趣諸有情故。所謂一切餓鬼, 阿鼻地獄, 黑繩地獄, 等活地獄, 燒燃地獄, 煻煨地獄, 鑊湯地獄, 寒氷地獄, 如是等大地獄中所有衆生, 我皆救拔, 離諸惡趣, 當得阿耨多羅三藐三菩提。」

이때 보수보살마하살이 부처님께 아뢰어 말씀하였다.

"어떠한 인연으로써 이러한 상서로움을 나타내십니까?"

부처님이 말씀하시었다.

"선남자야! 이는 관자재보살마하살이 이곳에 오고자 하시기 때문에 이런 상서로움이 나타나느니라."

이때 또한 마음에 드는 묘한 꽃과 및 미묘한 연꽃을 비 오게 하신다. 때에 관자재보살이 손에 금빛 광명의 천엽연화를 잡고 부처님의 계신 곳에 나아가서 부처님의 발에 정례하며, 가진 이 연꽃을 부처님께 받들어 올리었다.

"이 꽃은 곧 무량수불이 나로 하여금 가지고 오게 하신 것입니다."

부처님이 이 연꽃을 받아 왼쪽에 놓아두시었다.

부처님이 관자재보살마하살에게 말씀하시었다.

"네가 지금 이러한 신력과 공덕이 장엄하게 나타나는 것은 저의 뜻에 이 어떠한가?"

관자재보살이 말씀하였다.

"나는 모든 악도의 세계의 모든 유정을 구제하여 건지려고 하는 것뿐입니다. 이르는바 일체 아귀 아비지옥, 흑승지옥, 등활지옥, 소연지옥, 당외지옥, 확탕지옥, 한빙지옥, 이와 같은 등의 대지옥 중에 있는 중생들을 내가 모두 구제하여 모든 악도의 중생세계를 뽑아 버리고 마땅히 아뇩다라삼먁삼보리를 얻게 할 것입니다."

是時, 觀自在菩薩如是說已, 頂禮佛足。禮畢而去, 忽然不現, 由如火熘入於虛空。

爾時, 寶手菩薩白言世尊 :

「我今有疑。欲問如來, 願爲宣說。觀自在菩薩有何福德, 而能現是神力?」

佛言 :

「如殑伽河沙數, 如來應正等覺, 以天妙衣, 及以袈裟、飲食、湯藥、坐臥具等供養, 如是諸佛所獲福德, 與觀自在菩薩一毛端福, 其量無異。善男子, 又如四大洲, 於其一年十二月中, 於晝夜分, 恒降大雨, 我能數其一一滴數, 善男子, 觀自在菩薩所有福德, 而我不能說盡數量。

이때 관자재보살께서 이와 같이 말씀하시고 나서 부처님의 발에 정례 하였다. 예를 마치고 물러가 홀연히 보이지 않으시는 것이 마치 불길이 허공중으로 들어간 것과 같았다.

이때 보수보살이 부처님께 아뢰어 말씀하였다.

"제가 지금 의심되는 것이 있어 여쭙고자 합니다. 부처님께서는 원하건데 저를 위하여 선설하여 주시옵소서. 관자재보살은 어떠한 복덕이 있어 그리하여 능히 이런 신력을 나타낼 수 있습니까?"

부처님이 말씀하시었다.

"마치 항하강의 모래 수효와 같은 여래응정등각에게 천묘의와 및 가사, 음식, 탕약, 좌구, 와구, 등으로써 공양하여 이와 같은 모든 부처님으로부터 얻은 바의 복덕이 있다. 그러나 관자재보살의 한 털끝의 복도 그 수량이 다를 바가 없음이라. 선남자야! 또 만약 사대주에 있어서 일년 열두 달 중에 밤낮으로 항상 큰비가 오게 하여 내가 능히 그의 하나하나의 물방울 수를 헤아릴 수 있을 것이다. 그러나 선남자야! 관자재보살이 가진바 복덕은 내가 능히 그 수량을 다 설할 수가 없느니라.

善男子, 又如大海深廣八萬四千踰繕那, 如是四大海水
我能數其一一滴數, 善男子, 觀自在菩薩所有福德, 而
我不能說盡數量。善男子, 又如四大洲所有四足有情
師子, 象馬, 虎狼, 熊鹿, 牛羊, 如是一切四足之類, 我
悉能數一一身中所有毛數, 善男子, 觀自在菩薩所有福
德, 而我不能說盡數量。善男子, 又如有人, 以天金寶,
造作如微塵數, 如來形像, 而於一日, 皆得成就種種供
養, 所獲福德, 而我悉能數其數量, 善男子, 觀自在菩薩
所有福德, 而我不能說盡數量。善男子, 又如一切樹林,
我能數其一一葉數, 觀自在菩薩所有福德, 而我不能說
盡數量。善男子, 又如四大洲所有男子, 女人, 童男, 童
女, 如是之人皆成預流果, 一來, 不還, 阿羅漢果, 緣覺,

선남자야! 또 만일 큰 바다가 깊고 넓음이 8만4천 유선나[38]라고 하더라도 이와 같은 사대해의 물은 내가 능히 그의 하나하나 물 방울의 수효를 헤아릴 수 있다. 그러나 선남자야! 관자재보살이 가진바 복덕은 내가 능히 수량을 다 설할 수가 없느니라. 선남자야! 또 만약 사대주에 있는 바의 네발 가진 유정들인 사자, 코끼리, 말, 호랑이, 늑대, 곰, 사슴, 소, 양, 이와 같은 일체의 네발 가진 종류는 내가 다 능히 하나하나의 몸에 있는바 터럭의 수효를 헤아릴 수 있다. 그러나 선남자야! 관자재보살이 가진바 복덕은 내가 능히 그 수량을 다 셀 수가 없느니라.

선남자야! 또 만일 어떤 사람이 있어 하늘의 금보로써 미진수의 여래 형상을 조성하여 그리하여 하루 동안에 다 가지가지 공양을 성취하여 얻은바 복덕은 내가 모두 능히 그 수량을 헤아릴 수 있다. 그러나 선남자야! 관자재보살이 가진 바 복덕은 내가 그 수량을 다 헤아릴 수가 없느니라. 선남자야! 또 만일 모든 나무숲은 내가 능히 그 하나하나의 잎의 수는 헤아리지만, 그러나 관자재 보살이 가진바 복덕은 내가 능히 수량을 다 헤아릴 수 없느니라.

선남자야! 또 만일 사대주에 있는바 남자 여자 동남동녀 이와 같은 사람이 모두 다 예류과, 일래과, 불환과, 아라한과, 연각의 보

---

38) 유선나 - 由旬과 같은 뜻이다. 인도의 숫자 단위로 8, 또는 4구로사를 1유순이라 한다. 멍에로 황소 수레로 걸고 하루의 길을 가는 정도. 흔히 支那라 하여 40里 에 해당된다고 한다. 여러 가지 설이 있다. 불교에서는 16 또는 17리라 하고 일반적으로는 30, 또는 32리라 한다.

菩提, 如是所有福德, 與觀自在菩薩一毛端福, 其量無異。」

是時, 寶手菩薩白世尊言:

「我從昔已來, 所未曾見, 亦未曾聞諸佛如來有於 如是福德之者。世尊, 觀自在位居菩薩, 云何而有如是福德耶?」

佛告, 善男子:

「非獨此界, 唯我一身乃至他方無數如來應正等覺俱集一處, 亦不能說盡觀自在菩薩福德數量。善男子, 於此世界, 若有人能憶念觀自在菩薩摩訶薩名者, 是人當來遠離生老病死輪廻之苦, 猶如鵝王隨風而去, 速得往生極樂世界, 面見無量壽如來, 聽聞妙法。如是之人, 而永不受輪廻之苦, 無貪瞋癡, 無老病死, 無飢饉苦, 不受胎胞生身之苦,

리를 이루어서 이와 같이 가진 바의 복덕은 관자재보살의 한 털 끝의 복덕과 그 양이 다를 바가 없느니라.”

이때 보수보살이 부처님께 아뢰어 말씀하였다.

“제가 옛적부터 지금에 이르기까지 제불 여래의 이와 같은 복덕을 가진 자가 있다는 것을 아직 일찍이 보지도 못하였으며, 또한 아직 일찍이 듣지도 못하였습니다. 부처님이시여! 관자재보살이 보살의 위에 있으면서 어떻게 이와 같은 복덕이 있습니까?”

부처님이 선남자에게 말씀하시었다.

“홀로 이 세계에 오직 나의 한 몸뿐만 아니라, 내지 다른 곳의 수없이 많은 여래응정등각이 같이 한곳에 모이더라도 또한 능히 관자재보살의 복덕의 수량을 설할 수가 없느니라. 선남자야! 이 세계에 만일 어떤 사람이 있어 능히 관자재보살의 이름을 억염하면, 이 사람은 오는 세상에 생노병사의 윤회의 고통을 멀리 여의는 것이 마치 거위왕[39]이 바람에 따라서 가는 것과 같이 속히 극락세계에 왕생함을 얻을 것이며, 눈앞에 무량수여래[40]를 보고 묘법을 들을 수 있을 것이다. 이와 같은 사람은 그리하여 영원히 윤회의 괴로움을 받지 않으며, 탐진치가 없어지고, 늙고 병들고 죽는 일이 없으며, 주림의 괴로움이 없으며, 태포(胎胞)로 몸이 생

---

39) 『毗柰耶破僧事』에 본생담에서 과거생에 석가모니부처님이 거위로 태어나 슬기로움으로 왕이 되고 또한 죽음에서 벗어나 해탈하는 지혜로운 거위왕을 말한다.
40) 아미타불의 이칭으로 극락세계에 머무는 부처님이다. 밀교에서는 아미타불의 응화신을 무량광불이라 하고 보신을 무량수불이라고도 한다.

承法威力, 蓮華化生, 常居彼土, 侯是觀自在菩薩摩訶薩, 救度一切有情, 皆得解脫, 堅固願滿。」

是時, 寶手菩薩白世尊言:

「此觀自在, 而於何時救度一切有情, 皆得解脫堅固願滿?」

世尊告言:

「有情無數, 常受生死輪迴, 無有休息。是觀自在為欲救度如是有情, 證菩提道, 隨有情類現身說法, 應以佛身得度者, 即現佛身而為說法, 應以菩薩身得度者, 即現菩薩身而為說法, 應以緣覺身得度者, 即現緣覺身而為說法, 應以聲聞身得度者, 即現聲聞身而為說法, 應以大自在天身得度者, 即現大自在天身而為說法,

하는 괴로움을 받지 않으며, 법의 위력을 이어받아 연꽃으로부터 화생하여, 항상 저 국토에 머물면서 이 관자재보살마하살을 뵈옵고 일체 유정을 구제하여 건지며, 모두 해탈을 얻어서 견고한 원이 원만하게 되었느니라."

이때 보수보살이 부처님께 아뢰어 말씀하였다.

"이 관자재보살은 그리하여 어느 때에 일체 유정을 구제하여 건지어서, 모두 다 해탈을 얻어 견고한 원이 만족하게 됩니까?"

부처님이 고하여 말씀하시었다.

"수없이 많은 유정은 항상 생사윤회를 받아 잠시라도 쉬는 일이 없음이라. 이에 관자재보살이 이와 같은 유정들을 구제하고 보리도를 증득하게 하기 위하여 유정의 부류에 따라서 몸을 나타내어서 그리하여 설법하시느니라. 마땅히 부처님 몸으로써 제도 받기를 바라는 자에게는 곧 부처님 몸으로 나타나서 그리하여 그를 위하여 설법할 것이며, 마땅히 보살의 몸으로써 제도 받기를 바라는 자에게는, 곧 보살의 몸으로 나타나서 그리하여 그를 위하여 설법할 것이며, 마땅히 연각의 몸으로써 제도 받기를 바라는 자에게는 곧 연각의 몸으로 나타나서 그리하여 그를 위하여 설법할 것이며, 마땅히 성문신으로써 제도 받기를 바라는 자에게는 곧 성문의 몸으로 나타나서 그리하여 그를 위하여 설법할 것이며, 마땅히 대 자재천으로써 제도 받기를 바라는 자에게는 곧 대자재천을 나타나서 그리하여 그를 위하여 설법할 것이며, 마땅

應以那羅延身得度者, 即現那羅延身而爲說法, 應以梵
王身得度者, 即現梵王身而爲說法, 應以帝釋身得度者,
即現帝釋身而爲說法, 應以日天子身得度者, 即現日天
子身而爲說, 法應以月天子身得度者, 即現月天子身而
爲說法, 應以火天身得度者, 即現火天身而爲說法, 應
以水天身得度者, 即現水天身而爲說法。應以風天身
得度者, 即現風天身而爲說法, 應以龍身得度者, 即現
龍身而爲說法,

히 나라연신으로써 제도 받기를 바라는 자에게는 곧 나라연의 몸
으로 나타나서 그리하여 그를 위하여 설법할 것이며, 마땅히 범
왕신으로써 제도 받기를 바라는 자에게는 곧 범왕의 몸으로 나
타나서 그리하여 그를 위하여 설법할 것이며, 마땅히 제석신으로
써 제도 받기를 바라는 자에게는 곧 제석의 몸으로 나타나서 그
리하여 그를 위하여 설법할 것이며, 마땅히 일천자신으로써 제도
받기를 바라는 자에게는 곧 일천자의 몸으로 나타나서 그리하여
그를 위하여 설법할 것이며, 마땅히 월천자신으로써 제도 받기를
바라는 자에게는 곧 월천자의 몸으로 나타나서 그리하여 그를 위
하여 설법할 것이며, 마땅히 화천신으로써 제도 받기를 바라는
자에게는 곧 화천의 몸으로 나타나서 그리하여 그를 위하여 설
법할 것이며, 마땅히 수천신으로써 제도 받기를 바라는 자에게는
곧 수천의 몸으로 나타나서 그리하여 그를 위하여 설법할 것이
며, 마땅히 풍천신으로써 제도 받기를 바라는 자에게는 곧 풍천
의 몸으로 나타나서 그리하여 그를 위하여 설법할 것이며, 마땅
히 용신으로써 제도 받기를 바라는 자에게는 곧 용의 몸으로 나
타나서 그리하여 그를 위하여 설법할 것이며, 마땅히 빈나야가신
[41]으로써 제도 받기를 바라는 자에게는 곧 빈나야가의 몸으로 나
타나서 그리하여 그를 위하여 설법할 것이며, 마땅히 야차신으로

---

41) 빈나야가 – Vināyaka. 비나야가, 악귀의 이름. 코끼리 머리에 사람 몸을 가진 나쁜 귀신. 사람
을 항상 따라 다니면서 착한일을 방해한다.

應以頻那夜迦身得度者, 即現頻那夜迦身而爲說法, 應以藥叉身得度者, 即現藥叉身而爲說法, 應以多聞天王身得度者, 即現多聞天王身而爲說法, 應以人王身得度者, 即現人王身而爲說法應, 以宰官身得度者, 即現宰官身而爲說法, 應以父母身得度者, 即現父母身而爲說法。善男子, 觀自在菩薩摩訶薩, 隨彼有情應可度者, 如是現身而爲說法, 救諸有情, 皆令當證如來涅盤之地。」

是時, 寶手菩薩白世尊言:

「我未曾見聞如是 不可思議希有。世尊! 觀自在菩薩摩訶薩有如是不可思議, 實未曾有。」

佛告:

「善男子, 此南贍部洲爲金剛窟, 彼有無數百千万俱胝那庾多阿蘇囉止住其中, 善男子, 觀自在菩薩摩訶薩現阿蘇囉身, 爲是阿蘇囉說 此 『大乘莊嚴寶王經』。

써 제도 받기를 바라는 자에게는 곧 야차의 몸으로 나타나서 그리하여 그를 위하여 설법할 것이며, 마땅히 다문천왕신으로써 제도 받기를 바라는 자에게는 곧 다문천왕의 몸으로 나타나서 그리하여 그를 위하여 설법할 것이며, 마땅히 인왕신으로써 제도 받기를 바라는 자에게는 곧 인왕의 몸으로 나타나서 그리하여 그를 위하여 설법할 것이며, 마땅히 재관신으로써 제도 받기를 바라는 자에게는 곧 재관의 몸으로 나타나서 그리하여 그를 위하여 설법할 것이며, 마땅히 부모신으로써 제도 받기를 바라는 자에게는 곧 부모의 몸으로 나타나서 그리하여 그를 위하여 설법하느니라. 선남자야! 관자재보살마하살은 저 유정의 응하는 것에 따라서 가히 제도하고자 하여 이와 같은 몸을 나타내어서 그를 위하여 설법하여 모든 유정을 제도하여 모두 다 하여금 마땅히 여래 열반의 경지를 증득하게 하느니라."

이때 보수보살이 부처님께 여쭈어 말씀하였다.

"저는 일찍이 이와 같은 불가사의하고 희유한 일을 보거나 듣지 못하였습니다. 부처님이시여! 관자재보살마하살에게 이와 같은 불가사의함이 있으시다 하니, 진실로 미증유한 일입니다."

부처님께서 선남자에게 고하여 말씀하시었다.

"선남자야! 이 남섬부주를 금강굴로 삼아 저 무수백천만구지나유타의 아수라가 있어 그 가운데 살고 있다. 선남자야! 관자재보살마하살은 아수라의 몸으로 나타나서 이 아수라를 위하여 이

阿蘇囉衆, 得聞是經, 皆發慈善之心, 而以手掌捧觀自
在菩薩摩訶薩足, 聽斯正法, 皆得安樂。若人得聞如是
經王, 而能讀誦, 是人若有五無間業, 皆得消除, 臨命終
時, 有十二如來而來迎之, 告是人言：

「善男子, 勿應恐怖, 汝旣聞是 『大乘莊嚴寶王經』,
示種種道往生極樂世界, 有微妙蓋, 天冠, 珥璫, 上妙衣
服, 現如是相, 命終決定往生極樂世界。」

寶手! 觀自在菩薩摩訶薩最勝無比,

「대승장엄보왕경」을 설하시느니라. 아수라들이 이 경을 듣고 모두 다 자선의 마음을 발하여 그리하여 손바닥으로 관자재보살마하살의 발을 받들었으며, 이 정법을 듣고 모두 다 안락함을 얻었느니라. 만약 어떤 사람이 이와 같은 『대승장엄보왕경』을 듣고 그리하여 능히 독송하면, 이 사람은 비록 오무간업이 있다고 하여도 모두 다 소멸하여 없어짐을 얻을 것이며, 목숨이 다할 때 이르러서 12여래[42]가 있어 그리하여 와서 맞이하고, 이 사람에게 고하여 말씀하실 것이다.

'선남자야! 마땅히 두려워하지 말라, 너는 이미 이 『대승장엄보왕경』을 들었으니, 이 극락세계에 왕생하는 여러 가지 길을 볼 것이다. 미묘한 덮개와 천관과 귀걸이와 가장 기묘한 의복 등 이와 같은 모습이 나타나게 될 것이며, 목숨이 다하면 반드시 극락세계에 왕생할 것이다.'

보수보살이여! 관자재보살마하살은 가장 수승하여 비할 데가 없

---

42) 12여래는 무량수경에 설한 12광불은 아니다. 12광불은 아미타불 한부처의 광명의 덕을 찬탄한 것이다. 해탈주세계에 머물고 계시는 부처님이다. 12불의 명호를 칭념하면서 10일간 일체의 죄업을 참회하면 모든 죄가 소멸되고 청정한 공덕을 얻게 된다. 12불은 해탈주세계 내에 2분이 계시고 시방세계에 사방과 사우와 상하에 10불이 계신다. ①虛空功德淸淨微塵等目端正功德相光明華波頭摩琉璃光寶體香最上香供養訖種種莊嚴頂髻無量無邊日月光明願力莊嚴變化莊嚴法界出生無障礙王如來阿羅訶三藐三佛陀. ②毫相日月光明焰寶蓮華堅如金剛身毘盧遮那無障礙眼圓滿十方放光照一切佛刹上王如來阿羅訶三藐三佛陀. ③동방 一切莊嚴無垢光如來阿羅訶三藐三佛陀. ④남방 辯才瓔珞思念如來阿羅訶三藐三佛陀. ⑤서방 無垢月上王名稱如來阿羅訶三藐三佛陀. ⑥북방 華莊嚴作光明如來阿羅訶三藐三佛陀. ⑦동남방 作燈明如來阿羅訶三藐三佛陀. ⑧서남방 寶上相名稱如來阿羅訶三藐三佛陀. ⑨서북방 無畏觀如來阿羅訶三藐三佛陀. ⑩동북방 無畏無怯毛孔不竪名稱如來阿羅訶三藐三佛陀. ⑪하방 獅子奮迅根如來阿羅訶三藐三佛陀. ⑫상방 金剛威王相似如來阿羅訶三藐三佛陀 계신다.

現阿蘇囉身, 令彼阿蘇囉, 當得涅盤之地。」

是時, 寶手菩薩頭面著地, 禮世尊足, 禮已而退。

佛說大乘莊嚴寶王經 卷第一 終。

어 아수라의 몸으로 나타나서, 저 아수라로 하여금 마땅히 열반의 경계를 얻게 할 것이니라.”
이때 보수보살은 머리를 땅에 대고 부처님의 발에 예배하였으며, 예배를 마치고 물러갔느니라.

불설대승장엄보왕경 권제1 마침.

佛說大乘莊嚴寶王經 卷第二

於是, 式棄佛後, 有佛出世, 號尾舍浮如來, 應供, 正徧知, 明行足, 善逝, 世間解, 無上士, 調御丈夫, 天人師, 佛世尊。除蓋障, 我於是時爲忍辱仙人住處深山。其間磽确, 嵚崟無人能到, 久住其中, 是時我於彼如來處, 聞是觀自 在菩薩摩訶薩威神功德。是觀自在入於金地現身, 爲彼覆面有情, 而說妙法, 示八聖道, 皆令當得涅盤之地。出此金地, 又入銀地, 是處有情而皆四足, 止住其中。觀自在菩薩摩訶薩 救彼有情, 而爲說法:

「汝應諦聽。如是正法當須發心,

불설대승장엄보왕경 권제2

이에 식기불(式棄佛) 이후에 또한 부처님께서 세상에 출현하셨다. 이름을 미사부(尾舍浮)여래[1], 응공, 정변지, 명행족, 선서, 세간해, 무상사, 조어장부, 천인사, 불세존이다. 제개장보살이여! 내가 저 때에 있어 인욕선인[2]이 되어 깊은 산에 머무르고 있었다. 그 사이는 모래와 자갈땅이고 산이 높이 솟아 사람이 능히 이르지 못하는 곳이라 그 속에서 오랫동안 머무르고 계셨다. 이때 내가 저 여래의 처소에서 이 관자재보살마하살의 위신공덕을 들었느니라. 이 관자재보살이 금지(金地)에 들어가서 몸을 나타내어서 저 복면유정을 위하여 묘법을 연설하고 팔성도를 보이어서 하여금 모두 마땅히 열반의 경지를 얻게 하였느니라. 이 금지를 나와 또한 은지(銀地)로 들어갔었다. 이곳의 유정은 모두 네발을 가지고 그 안에 살고 있었다. 관자재보살마하살이 저 유정을 구제하고자 하여 그를 위하여 설법하셨다.

"너희들은 마땅히 이와 같은 정법을 자세하게 듣고 마땅히 모름

---

1) 과거7불의 세 번째 부처님인 비사부불의 이음이다.
2) 인욕선인 – 석가모니불의 전생담. 가리왕이 인욕선인의 몸을 칼로 찍어 갈랐다 함.

審諦思惟。我今示汝涅盤資糧。」

是諸有情於觀自在前立, 白菩薩言 :

「無眼有情救爲開明, 令見其道, 無恃怙者, 爲作父母, 令得恃怙, 黑闇道中, 爲燃明炬, 開示解脫正道, 有情若念菩薩名號, 而得安樂, 我等常受如是苦難。」

是時, 此等一切有情聞 『大乘莊嚴寶王經』, 得聞是已, 皆得安樂, 獲不退地。是時觀自在菩薩摩訶薩出於是中, 又入鐵地。而於是處, 禁大力阿蘇囉王。菩薩往是處時, 現身如佛。是時大力阿蘇囉王遠來, 迎是觀自在菩薩摩訶薩, 阿蘇囉王宮中有無數眷屬, 其中多是背傴矬陋。如是眷屬皆來親覲, 禮觀自在菩薩摩訶薩足, 而說偈曰 :

「我今生得果

지기 발심하여 자세히 살피고 생각할지니라. 내가 이제 너희들에게 열반의 자량을 보일지니라."

이에 모든 유정들이 관자재보살 앞에 서서 보살에게 아뢰어 말씀하셨다.

"눈 없는 유정을 구제하기 위하여 밝음을 열어 하여금 그 길을 보게 하시고, 의지할 곳이 없는 외로운 자에게는 그를 위하여 부모가 되시어서 하여금 의지케 하옵고, 어두운 길에서는 밝은 횃불이 되어 해탈의 바른길을 열어서 보이옵소서. 유정이 만일 보살의 이름을 생각만 하면 곧 안락을 얻게 하소서. 우리들은 항상 이와 같은 고난을 받고 있습니다."

이때 이들 일체 유정에게 『대승장엄보왕경』을 듣게 하여 이것을 들어 마치고 모두 안락함을 얻었으며 불퇴전지를 얻었느니라.

이때 관자재보살마하살이 이 가운데서 나와서 다시 철지(鐵地)로 들어가셨다. 그러나 이곳은 대력아수라왕이 금지하는 곳이라 보살은 이곳으로 가서 때에 몸을 부처님과 같이 나타내었다. 이때 대력아수라왕이 멀리서부터 와서 이 관자재보살을 맞이하니, 아수라궁중에 무수한 권속이 있어 그 가운데 많은 것은 곱사등이와 난쟁이다. 이와 같은 권속이 모두 와서 친히 뵙고 관자재보살마하살의 발에 예배하고, 그리하여 게송으로 설하여 말하였다.

"우리들은 금생에 과보를 받아

所願悉圓滿 如意之所希 斯是我正見。

旣得見於菩薩, 我及諸眷屬皆得安樂。」

於是以寶座獻觀自在菩薩, 恭敬合掌白言:

「我等眷屬從昔已來, 好樂邪婬, 常懷瞋怒, 愛殺生命。造是罪業, 我心憂愁, 恐怖老死輪廻, 受諸苦惱, 無主無依。垂愍救度, 爲說開解禁縛之道。」

觀自在言:

「善男子, 如來應正等覺, 常行乞食。若能施食, 所獲福德說無有盡。善男子, 非唯我身在阿蘇囉窟, 說不能盡, 乃至如十二殑伽河沙數 如來應正等覺俱在一處, 而亦不能說盡 如是福德數量。善男子, 所有微塵,

원하는 바가 모두 원만하여졌습니다.

마음에 바라는 것은

곧 나의 정견이옵니다.

이미 저 보살을 친근함을 얻어서 나와 및 모든 권속이 모두 다 안

락함을 얻었습니다."

저들이 보좌(寶座)로써 관자재보살에게 공양하고 공경합장하며

아뢰어 말씀하였다.

"우리들의 권속은 예로부터 지금에 이르기까지 사음(邪淫)을 즐

기고 항상 성내는 마음을 품었으며, 살생하기를 좋아하였나이다.

이러한 죄업을 지었으니 저의 마음이 우울하고 슬퍼하며 늙고 죽

어 윤회하는 것이 두렵고 여러 가지 고뇌를 받아 머무를 곳도 없

으며 의지할 곳도 없습니다. 불쌍히 여기시는 마음을 내리시어

구제하고 제도하여 묶인 것을 푸는 길을 말씀하여 주십시오."

관자재보살이 말씀하셨다.

"선남자야! 여래응정등각은 항상 걸식을 행하였나니라. 만일 능

히 음식을 보시한다면 얻는 바의 복덕은 다 말할 수 없느니라. 선

남자야! 오직 나의 몸뿐만 아니라 아수라굴에서도 능히 다 설할

수가 없으며, 내지 십이의 항하강 모래의 수효와 같은 여래응정

등각이 모두 한곳에 있다 하여도 그러나 또한 이와 같은 복덕의

수량을 다 설할수 없느니라. 선남자야! 있는바 가는 티끌은 내가

我能數其 如是數量, 善男子, 施如來食, 所獲福德, 而
我不能說盡數量。善男子, 又如大海我能數其一一滴
數, 善男子, 施如來食, 所獲福德, 而我不能說盡數量。
善男子, 又如四大洲所有男子, 女人, 童子, 童女, 悉皆
田種滿四大洲, 不植餘物, 唯種芥子, 龍順時序, 降澍雨
澤, 芥子成熟於一洲內, 以爲其場, 治踐俱畢, 都成大
聚, 善男子, 如是我能數盡一一粒數, 善男子, 施如來
食, 所獲福德, 而我不能說盡數量。善男子, 又如妙高
山王入水八万四千踰繕那, 出水八万四千踰繕那。善
男子, 如是山王以爲紙積, 以大海水充滿其中, 皆爲墨
汁, 以四大洲所有一切男子, 女人, 童子, 童女, 悉皆書
寫妙高山量, 所積紙聚書盡無餘, 如是我能數其一一字
數, 善男子, 施如來食, 所獲福德, 而我不能說盡數量。

능히 이와 같은 수량을 헤아릴 수 있으나, 그러나 선남자야! 여래에게 음식을 보시하여 얻은 복덕은 내가 수량을 설하여 다할 수 없느니라.

선남자야! 또 만약 큰 바다는 내가 능히 그 하나하나의 물방울 수효를 헤아릴 수 있으나, 그러나 선남자야! 여래에게 음식을 보시하여 얻은바 복덕은 내가 그 수량을 설하여 다할 수 없느니라. 선남자야! 또한 만약 사대주에 있는 남자 여인 동자 동녀가 모두 다 밭에 씨앗을 심어서 사대주에 가득하고, 나머지 물건을 심지 않고 오직 겨자만을 심어서, 용이 계절의 순서에 따라서 비를 내려 겨자가 익어 한 주안을 그 장소로 하여 그를 잘 다스려서 모두 크게 수확을 이루었을 때 선남자야! 이와 같은 것은 내가 능히 하나하나의 낟알의 수효를 다 헤아릴 수는 있으나, 그러나 선남자야! 부처님에게 음식을 보시하여 얻은바 복덕은 내가 능히 그 수량을 다 설하지 못하느니라.

선남자야! 또한 만일 묘고산왕과 같이 물에 잠긴 것이 8만 4천 유선나(踰繕那)요, 물 위에 나온 것도 8만4천 유선나이다. 선남자야! 이와 같은 산왕으로써 종이로 만들어 쌓아서 큰 바닷물을 그 가운데 가득 채워서 모두 다 먹물로 만들어서 사대주에 있는 바 일체의 남자, 여자, 동자, 동녀로써 모두 다 묘고산만큼의 양으로 글로 써서 쌓은 종이를 모두 글씨를 써서 남음이 없이 하여도 이와 같은 것은 내가 능히 그 하나하나의 글자의 수효를 헤아

善男子, 如是一切書寫之人, 皆得十地菩薩之位, 如是菩薩所有福德, 與施如來一食福德, 其量無異。善男子, 又如殑伽河沙數, 大海之中所有沙數, 我能數其一一沙數, 善男子, 施如來食, 所獲福德, 而我不能說盡數量。」

是時, 大力阿蘇囉王聞說是事, 涕淚悲泣, 盈流面目, 心懷懊惱, 哽噎吁嗟, 白觀自在菩薩摩訶薩言：

「我於往昔而行布施, 所施之境垢黑非法。由斯施故, 我今幷諸眷屬, 反受禁縛 在於惡趣, 受斯業報, 於今何故持少分食, 奉施如來變成甘露?

릴 수 있다. 그러나 선남자야! 부처님에게 음식을 보시하여 얻은 복덕은 내가 능히 그 수량을 다 말할 수가 없느니라.

선남자야! 이와 같이 일체의 글을 쓴 사람이 모두 십지보살[3]의 위를 얻었더라도 이와 같은 보살이 가진 바의 복덕은 부처님에게 한 끼의 음식을 보시한 복덕과 그 양이 다를 바가 없느니라. 선남자야! 또한 만일 항하강의 모래의 수효와 같은 큰 바다 가운데에 있는바 모래의 수효는 내가 능히 그 하나하나의 모래의 수효를 헤아릴 수 있다. 선남자야! 부처님에게 음식을 보시하여 얻은 복덕은 내가 그 수량을 능히 다 헤아릴 수가 없느니라."

이때 대력아수라왕[4]이 이러한 사실을 듣고, 슬피 울어 눈물이 얼굴에 가득히 흘러내리면서 마음으로 괴로움을 품고 목메어 탄식하면서 관자재보살마하살에게 아뢰어 말씀하셨다.

"제가 옛적에 보시를 행하였으나, 보시한 바의 곳이 더럽고 어두워 법에 맞지 아니하였습니다. 이러한 보시로 인하여 제가 이제 여러 권속과 더불어 도리어 결박을 받아 악도의 세계에 있으면서 이 업보를 받고 있습니다. 이제 무슨 까닭으로 작은 분량의 음식을 가지고 부처님에게 받들어 보시한들 감로로 변화하게 하겠습니까?

---

3) 십지보살 - 보살의 수행 계단으로 화엄경에서는 52위 중, 제41위부터 歡喜地, 離垢地, 發光地, 焰慧地, 難勝地, 現前地, 遠行地, 不動地, 善慧地, 法雲地를 말한다.
4) 싸움을 좋아하는 신이지만 불교에서는 아만과 번뇌를 꺾고 부처님법을 찬탄하는 신으로 바뀌었다. 화엄경에는 10대아수라왕의 하나로써 가장 큰 힘을 가진 아수라왕이다.

我從昔來愚癡無智, 習行外道婆羅門法。時有一人身形矬陋, 來於我所求匄所須。我當具辦種種寶冠, 金銀耳鐶, 上妙衣服, 寶莊嚴具, 閼伽器等。復有百千象馬, 寶車, 眞珠, 瓔珞, 寶網, 莊嚴懸衆妙纓而挍飾之。種種寶蓋, 寶網, 綩羅, 張施其上, 繫諸寶鈴震響丁丁。復有一千黃牛毛色姝好, 白銀嚴蹄, 黃金飾角, 又以眞珠雜寶而爲莊挍, 復有一千童女形體姝妙, 容皃端嚴, 狀如天女, 首飾天冠, 金寶珥璫, 種種妙衣, 間厠寶帶, 指鐶, 寶釧, 瓔珞, 玲瓏微妙華鬘, 如是種種嚴飾其身, 復有無數百千雜寶之座, 復有金銀雜寶積聚無數, 又有群牛數百千万及牧放人,

내가 옛적부터 어리석고 지혜가 없어서 외도바라문 법을 익히고 행하였습니다. 그때 한사람이 있어 몸의 형상이 앉은뱅이로 누추하였습니다. 내가 있는 곳으로 와서 얼마간의 물건을 구걸하였습니다. 내가 마땅히 여러 가지 보관, 금은 귀걸이, 좋고 묘한 옷, 보배의 장엄구, 알가기5) 등을 갖추고, 다시 백천의 코끼리와 말과 보배의 수레가 있어, 진주, 영락, 보배의 거물로 장엄하고, 많은 묘한 끈을 드리워 이를 장식하였으며, 여러 가지의 보배의 덮개, 보배의 그물과 수놓은 비단을 그 위에 펼쳐서 베풀고, 여러 가지 보배의 요령을 매달아 그 울려 나는 소리가 쟁쟁하게 하였습니다. 다시 또 일천의 누른 소가 있어 털빛이 곱고 백은으로 굽을 장식하였고, 황금으로 뿔을 장식하였으며, 또한 진주와 모든 보배로써 장엄하게 장식을 하였습니다. 다시 또 일천 동녀가 있어, 형체가 곱고 좋으며, 용모가 단엄하여 마치 천녀의 형상과 같이하여 머리에 천관을 쓰게 하였으며, 금보배의 귀걸이와 여러 가지의 묘한 옷, 여러 가지를 사이마다 섞은 보배의 띠, 반지, 보배의 팔찌, 영락, 영롱하고 미묘한 꽃다발 등으로 이와 같은 여러 가지로 그 몸을 장엄하게 꾸몄습니다. 다시 또 무수한 백천의 여러 보배로 된 좌석이 있었습니다. 다시 또 금은 여러 보배를 수를 헤아릴 수 없이 쌓아 놓았으며, 또한 백천만마리의 소 떼와 소치

---

5) 알가기 – argha. 오로지 부처님전에 마치는 깨끗한 물, 즉 공덕 수를 말한다. 청정수를 담는 그릇.

又有無數如天上味香美飮食, 又有無數寶鈴, 無數金銀
師子之座, 無數金柄妙拂, 無數七寶莊嚴繳蓋辦具, 如
是種種作大施時, 而有百千小王皆來集會, 百千婆羅門
亦皆來集, 無數百千万刹帝利衆亦來集會。時我見已,
心懷疑惟, 當於是時, 唯我最尊具大勢力, 統領大地, 我
依婆羅門法, 專爲懺悔宿世惡業, 而欲殺諸刹帝利等
及諸妻子眷屬, 取其心肝, 割剖祀天, 覬其罪滅。是時
百千万刹帝利小王, 我以枷鎖禁在銅窟, 及無數百千邊
地之人, 悉皆禁是窟中, 而以鐵檄上安, 鐵索繫縛諸刹
帝利手足。時我於窟造立其門, 以之常木爲第一重門,
以佉你囉木爲第二重門, 復用其鐵爲第三重門, 又以熟
銅爲第四重門, 又以生銅爲第五重門,

는 목자를 무수히 두었습니다. 또한 천상 맛으로 향이 아름다운 음식이 있었습니다. 또한 무수한 보배의 요령, 무수한 금은으로 된 사자좌와 무수한 금으로 된 병과 묘한 털이개와 무수한 칠보로 장엄한 덮개가 있었습니다. 이와 같이 여러 가지를 갖추어서 크게 보시를 하였습니다. 이에 백천의 작은 왕들이 모두 와서 모이고, 백천의 바라문도 또한 모두 와서 모였으며, 무수한 백천만의 찰제리들도 또한 와서 회에 모였습니다.

때에 제가 이것을 보고 나서 마음으로 의심하는 생각을 하였습니다. '이때를 당하여 오직 제가 가장 존귀하고, 큰 힘을 갖추어 대지를 통솔하며, 내가 바라문의 법을 의지하여 오로지 숙세의 악업을 참회하는 것이라.'고 생각하였습니다. 그리하여 찰제리들과 및 여러 처자 권속을 죽이고, 그의 심장과 간을 취하여 해부하여 천신에 제사하면서도, 그의 죄가 멸할 것을 바랬습니다.

이때 백천만의 찰제리소왕들을 내가 족쇄로 채워서, 동굴 속에 감금하였으며, 무수 백천의 변경에 사는 사람을 모두 다 이 굴속에 감금하였습니다. 그리하여 쇠말뚝을 그 위에 박아 쇠사슬로 여러 찰제리의 손과 발을 결박하였습니다. 때에 나는 굴에 그 문을 만들어 세웠습니다. 이에 상목(常木)으로써 제일중문(重門)을 만들었고, 구이라목(俱爾羅木)으로써 제이중문을 만들었고, 다시 쇠를 사용하여 제삼중문을 만들었고, 또한 숙동(熟銅)으로써 제사중문을 만들었고, 또한 생동(生銅)으로써 제오중문을 만

又以白銀爲第六重門, 又以黃金爲第七重門, 如是七重
門上各以五百關鎖, 而牢固之, 又於一一門上, 各置一
山, 是時, 有那羅延天忽於一日現身爲蠅而來探視。又
於一日而現蜂形。又於一日而現猪身, 又於一日現非
人相。如是日日身相變異, 而相探覰。我時心中思惟:
「作是婆羅門法」

那羅延天見作斯法, 來於銅窟, 而相破壞, 去除門上七
山, 一一棄擲異處, 高聲喚彼所禁人言:

「無勝天子等, 汝身受大苦惱, 汝等身命爲存活耶, 爲
當已死?」

此諸人等聞其喚問, 隨聲應言:

들었고, 또한 백은으로써 제육중문을 만들었고, 또한 황금으로써 제칠중문을 만들었습니다. 이와 같이 일곱 중문 위에 각각 오백의 빗장을 하여 그리하여 이를 견고하게 하였습니다. 또한 하나하나의 문 위에 각각 산 하나씩을 두었습니다. 이때 나라연천[6]이 있어 홀연히 하루는 몸을 파리로 나타내어서 살펴보았습니다. 또 하루는 곧 벌의 형상으로 나타나기도 하고, 또 하루는 곧 돼지의 몸으로 나타나기도 하고, 또 하루는 비인(非人)의 모습을 나타내기도 하였습니다. 이와 같이 날마다 몸의 모습을 다르게 변화하여 그리하여 살피고 있었습니다. 제가 때에 마음속으로 생각하였습니다.

'이것은 바라문의 법을 지은 것이다.'

그런데 나라연천이 이러한 법을 행하는 것을 보고 동굴로 왔습니다. 그리하여 상을 파괴하려고 하여 문 위에 있는 일곱 개의 산을 제거하여 하나하나 다른 곳에 던지면서 큰 소리로 저곳에 감금되어 있는 사람들을 부르면서 말하였습니다.

"무승천자(無勝天子)들이여! 너희들이 몸으로 큰 고뇌를 받고 있구나, 너희들의 목숨이 살아 있는가? 이미 죽임을 당하였는가?"

이 모든 사람들이 그 부르는 소리를 듣고 소리에 따라 응답하였습니다.

---

6)　불법을 수호하는 가장 큰 힘을 가진 신이다.

「我命今在。那羅延天尊! 大力精進, 救我苦難。」

其天便乃破壞銅窟七重之門。時, 諸小王在於窟內, 得脫繫縛之難, 而見那羅延天, 是時, 各各心中思惟:

「其大力阿蘇囉王, 爲已死耶, 爲復而今死時方至?」

刹帝利等, 又作是言:

「我寧與彼鬥敵相殺, 死而有地, 不應受此禁縛, 而今我死。我今當依刹帝利法, 與彼戰鬥相殺, 設死其地而得生天。」

時, 諸小王各於自舍, 排駕車乘, 鞁勒鞍馬, 執持器仗, 欲大戰鬥。時那羅延天, 現婆羅門, 其身矬陋, 著以鹿皮, 而爲絡腋, 手中執持三岐拄杖, 所坐之物隨身持行, 來至我門。時, 守門者告於彼言:

「不應入此門內。汝矬陋人, 止勿入中。」

'우리들의 목숨은 아직 살아 있습니다. 나라연천존이시여! 큰 힘의 정진으로 우리들의 고난을 구제하소서!'

그 나라연천이 문득 이에 동굴의 칠중의 문을 파괴하였습니다. 때에 굴속에 있던 여러 작은 왕들이 묶인 고난에서 벗어남을 얻었다. 그리하여 나라연천을 보았다. 이때 각각 마음속으로 생각하였습니다.

'그 대력아수라왕이 이미 죽었는가? 아니면 다시 이제 죽을 때가 되었는가?'

찰제리 등도 또한 이와 같이 말하였습니다.

'우리들도 차라리 저와 더불어 싸워서 서로 죽이고 죽일 것이다. 그러나 이 땅에서는 이 감금되어 묶임을 받아 우리들 스스로 하여금 죽게 할 수는 없을 것이다. 나는 이제 마땅히 찰제리법에 의지함을 버리고 저와 더불어 싸워 서로 죽일 것이다. 비록 그 땅에서 죽더라도 생천 함은 얻을 수 있을 것이다.'

때에 여러 소왕들이 각각 자기들이 있는 곳에서 수레를 타고 말에 안장을 얹어 무기를 들고 크게 싸우려고 하였다. 때에 나라연천이 바라문으로 변화하여 그 몸을 앉은뱅이로 나타내어서 사슴의 가죽으로 옷을 입고 고삐까지 만들었다. 손에는 삼기로 된 주장을 가지고, 앉은 바의 물건은 몸에 따라 지니고 와서 우리들의 문에 이르렀다. 때에 문지기가 그에게 고하여 말하였습니다.

'마땅히 이 문안에 들어오지 말라. 너 앉은뱅이는 사람들 가운데

婆羅門言:

「我今自遠而來到此。」

守門者問婆羅門言:

「汝從何來?」

婆羅門曰:

「我是月氏國王處大仙人也。從彼而來。」

時, 守門者往大力阿蘇囉王所白言:

「今有婆羅門其身矬陋而來到此。」

大力阿蘇囉王言:

「是人今來, 何所須耶?」

守門人言:

「我今不知所須云何?」

大力阿蘇囉王告言:

「汝去喚是婆羅門來。」

守門之人既奉教勅, 遂喚婆羅門入於其中。大力阿蘇
囉王見已, 與寶座令坐。大力阿蘇囉王師 奉所事金星,
先已在中, 告大力阿蘇囉王言:

로 들어가지 못하느니라.'

바라문이 말하였습니다.

'나는 지금 먼 곳에서 이곳에 왔노라.'

문지기가 바라문에게 물어 말하였습니다.

'너는 어디로부터 왔는가?'

바라문이 말하였습니다.

'나는 월지국의 왕이 계시는 곳에 대선인이다. 저곳에서 왔노라.'

때에 문지기가 대력아수라왕이 있는 곳으로 가서 말하였습니다.

'이제 어떤 바라문이 있어 그의 몸이 앉은뱅이라 그리하여 여기 왔습니다.'

대력아수라왕이 말하였습니다.

'그 사람이 왔다. 하니 이제 무엇을 위하여 왔는가?'

문지기가 말하였습니다.

'나는 지금 왜 왔는지 모릅니다.'

대력아수라왕이 고하여 말하였습니다.

'너는 가서 저 바라문을 불러오라.'

문지기가 교칙을 받들어, 드디어 바라문을 불러와 그 안에 들어오게 하였다. 대력아수라왕이 그를 보아 마치고 보좌를 주어 앉게 하였다. 대력아수라왕의 스승으로 섬기고 받드는 금성(金惺)이 먼저 그곳에 와서 있어 대력아수라왕에게 고하여 말하였습니다.

「今此婆羅門是其惡人, 而來到此, 決定破壞於汝師。」

「今何故而能知耶?」

告言 :

「我今知此。所現之身知是云何? 此是那羅延天。」

既聞此已, 心卽思惟 :

「我行惠施, 而無反覆。今來障難, 破壞於我?。」

大力阿蘇囉言 :

「我口辯才, 當須問是婆羅門言。今來我所, 於意云何?」

婆羅門曰 :

「我從於王, 乞地兩步。」

阿蘇囉告婆羅門言 :

「卿所須地, 而言兩步, 我當與卿其地三步。」

先以金瓶授與淨水。告言 :

'이제 이 바라문은 이 악인이라 그리하여 이곳에 와서 반드시 너의 스승을 해칠 것이다.'

'이제 무슨 까닭에 능히 그렇게 아십니까?'

금성이 고하여 말하였습니다.

'저는 이제 이러한 일들을 알고 있다. 나타낸 바의 몸이 누구인가 하면 이는 곧 나라연천이니라.'

이미 이러한 말을 듣고 나서, 마음으로 곧 생각하였습니다.

'내가 은혜 베풀기를 거듭하지 않아서 지금 와서 곧 장애와 환난으로 나를 파괴하는구나.'

대력아수라왕이 말하였습니다.

'나의 입은 변재[7]이다. 마땅히 모름지기 이것을 바라문에게 물어보리라. 이제 나의 처소에 온 뜻이 무엇인가?'

바라문이 대답하였습니다.

'저는 왕으로부터 땅을 두 걸음 빌리기 위해서 왔습니다.'

아수라왕이 바라문에 고하여 말씀하였습니다.

'그대가 모름지기 땅을 두 걸음 달라고 말하나. 나는 마땅히 그대에게 그 땅 세 걸음만큼 줄 것이니라.'

먼저 금병으로써 깨끗한 물을 주면서, 고하여 말하였습니다.

---

7) 변재 - 말하는 솜씨가 교묘함을 뜻한다.

「須地卿當受取。」

婆羅門受已, 而呪願曰:

「安樂長壽。」

時婆羅門 矬陋之身隱而不現。爾時金星 告阿蘇囉王言:

「汝今當受惡業果報。」

時那羅延天忽然現身, 於兩肩上荷負日月, 手執利劍、輪棒、弓箭, 如是器仗。時, 大力阿蘇囉王忽然見已, 憧惶戰慄, 其身躓仆, 迷悶躃地, 良久而起,

「今當云何? 我寧服其毒藥而死耶?」

是時, 那羅延天步量其地, 只及兩步, 更無有餘, 不迨三步。

「違先所許, 我今云何?」

那羅延言:

「王今應當隨我所教。」

時, 大力阿蘇囉王白言:

「我如所教。」

'그대에게 필요한 땅만큼 줄 것이니라. 그대가 마땅히 받아 가져라.'

바라문이 받고 나서 진언을 외워 원하면서 말하였습니다.

'안락하고 장수하십시오.'

때에 바라문 앉은뱅이의 몸이 사라져서 보이지 않았다. 이 때에 금성이 아수라왕에게 고하여 말하였습니다.

'당신은 지금 마땅히 악업의 과보를 받을 것이다.'

때에 홀연히 나라연천으로 몸을 나타내었다. 두 어깨 위에 해와 달을 짊어지고, 손에 날카로운 칼, 륜봉, 활, 화살 이와 같은 무기들을 들고 있었다. 때 대력아수라왕은 홀연히 이것을 보고 난 다음 황망히 겁을 먹고 몸을 떨면서 절름거리다가 넘어지고 자빠져서 한참 후에 일어나서 말하였습니다.

'이제 마땅히 어찌해야 좋겠습니까? 나는 차라리 독약을 먹고 그리하여 죽을까 합니다.'

이때 나라연천이 걸음으로 그 땅을 걸어 헤아리니, 다만 두 걸음이 되고, 다시 남는 것이 없어서 세 걸음에 이르지 못하였다.

'먼저 승락한 것과 다르다. 내가 지금 어찌하면 좋겠는가?'

나라연천왕이 말하였습니다.

'이제 마땅히 나의 가르침에 따를지니라.'

그때 대력아수라왕이 아뢰어 말씀하였습니다.

'저는 가르침과 같이하겠나이다.'

那羅延曰:

「汝實爾耶?」

大力阿蘇囉王言:

「我實如是。此言誠諦, 心無悔吝。」

是時, 我依 婆羅門教, 作法之處, 悉皆破壞, 所有金銀珍寶莊嚴童女, 衣服, 寶鈴, 繖蓋、妙拂, 師子寶座, 寶嚴黃牛及諸寶莊嚴具, 時諸小王衆等悉皆受之, 便乃出是大力阿蘇囉王作法之地。」

大力阿蘇囉王 白觀自在菩薩摩訶薩言:

『我今身心思惟 爲於往昔, 依婆羅門法, 而設廣大布施之會, 所施之境, 垢黑不淨。我今幷諸眷屬, 是以禁縛在斯鐵窟, 受大苦惱。觀自在, 我今歸依, 願垂哀愍, 救脫我等如是苦難。』

而讚歎曰:

나라연천이 말하였습니다.

'너는 진실로 그러하겠는가?'

대력아수라왕이 말하였습니다.

'저는 진실로 이와 같이 하겠나이다. 이 말은 성실하게 살필 것이며 마음에 후회하여 인색하지 않겠나이다.'

이때 나는 바라문의 가르침에 의지하여 작법 된 곳은 모두 다 파괴하였느니라. 가진 바의 금은과 진귀한 보배로 동녀를 장엄하게 꾸미고 의복과 보배의 방울, 비단으로 만든 삿갓, 미묘한 털이게, 사자보배좌, 보배로 장엄한 황소와 및 여러 가지 보배의 장엄 도구들을 때에 모인 모든 소왕들에게 모두 다 그것을 받게 하였다. 이에 대력아수라왕은 지은 땅에서 편안하게 나왔느니라."

대력아수라왕이 관자재보살마하살에게 아뢰어 말씀하였다.

"제가 이제 몸과 마음으로 옛날을 생각합니다. 저가 바라문의 법에 의지하여 그리하여 넓고 큰 보시의 모임을 가졌으면서도 베푸는바 보시의 대상은 더럽고 어둡고 깨끗하지 못한 것이었습니다. 저는 이제 여러 권속과 더불어 이것 때문에 묶여서 이 철굴 중에 있으면서 큰 고뇌를 받았습니다. 관자재보살이시여! 제가 이제 귀명하옵니다. 원 하옵건데 불쌍하게 여김을 드리워서 우리들의 이와 같은 고난을 구제하여 벗어나게 하소서."

그리하여 찬탄하여 말씀하셨다.

歸命大悲蓮華手　大蓮華王大吉祥

種種莊嚴妙色身　首髻天冠嚴眾寶。

頂戴彌陀一切智　救度有情而無數

病苦之人求安樂　菩薩現身作醫王。

大地爲眼明踰日　最上清淨微妙眼

照矚有情得解脫　得解脫已妙相應。

猶如如意摩尼寶　能護眞實妙法藏

而恒說六波羅蜜　稱揚斯法具大智。

我今虔懇至歸依　讚歎大悲觀自在

"대비련화수이시며,

대련화왕이신 대길상과

여러 가지로 장엄하신 미묘색신과

상투머리에 천관을 쓰시고 뭇 보배로써 장엄하게 장식하셨으며

미타의 일체지를 머리에 받드시고

유정을 구제하여 건지신 것이 무수하며

질병으로 고통을 당하는 사람들을 안락하게 구제하고자

보살의 몸으로 나타나신 의왕(醫王)님께 귀명하옵나이다.

대지의 눈이 되어 밝기가 태양보다 밝으시며

최상으로 청정하고 미묘한 눈으로

유정을 비추어서 해탈을 얻게 하시며

해탈을 얻은 다음에는 미묘하게 상응하심이라.

마치 여의마니보배와 같아서

능히 진실하고 미묘한 법장을 얻게 하시며

그리하여 항상 육바라밀을 설하시어서

이 법을 칭량하며 큰 지혜를 갖추셨도다.

내가 이제 경건하고 간절하며 지극한 마음으로 귀명하며,

대비하신 관자재를 찬탄하옵니다.

有情憶念菩薩名　離苦解脫獲安隱。

作惡業故墮黑繩　及大阿鼻地獄道

諸有餓鬼苦趣者　稱名恐怖皆解脫。

如是惡道諸有情　悉皆離苦得安樂

若人恒念大士名　當得往生極樂界。

面見如來無量壽　聽聞妙法證無生。

是時, 觀自在菩薩摩訶薩, 與大力阿蘇囉王授其記別 :
「汝於當來得成爲佛, 號曰吉祥如來, 應供, 正徧知, 明
行足, 善逝, 世間解, 無上士, 調御丈夫, 天人師, 佛世
尊。汝於是時, 當證六字大明總持之門。今此一切阿
蘇囉王, 汝於當來,

유정들이 보살의 이름을 억념하면
괴로움을 여의고 해탈하여 안온함을 얻으리라.

악업을 짓기 때문에 흑승지옥과
및 대 아비지옥도에 떨어진 무리와
모든 아귀의 고통을 받으면서 그 세계에 있는 자들도
이름만 불러도 두려움을 모두 벗어나게 되느니라.
이와 같이 악도에 있는 모든 유정들은
모두 다 괴로움을 여의고 안락함을 얻게 하소서

만일 어떤 사람이 항상 대사의 이름을 생각하면
마땅히 극락세계에 왕생함을 얻어서
무량수여래를 친근하옵고
묘법을 들어서 무생법인을 증득하게 되리로다.”

이때 관자재보살마하살이 대력아수라왕에게 수기를 별도로 주었다.
“너는 당래세에 있어 부처가 됨을 얻을 것이니라. 이름을 길상여래 응공 정변지, 명행족, 선서, 세간혜. 무상사, 조어장부, 천인사, 불세존이라 하리라. 너는 그때를 당하여 마땅히 육자대명 총지의 문을 증득 할 것이니라. 이제 이 일체의 아수라왕은, 네가 당래에

悉皆救度, 如是佛刹一切有情, 而不聞有貪瞋癡聲。」

時, 大力阿蘇囉王聞斯授記, 卽以價直百千眞珠瓔珞, 復以種種妙寶莊嚴, 百千万數天冠珥璫, 持以奉上, 願垂納受。

爾時, 觀自在菩薩摩訶薩, 告大力阿蘇囉王言：「我今爲汝說法, 應當諦聽, 汝應思惟。乃至於人, 無常幻化, 命難久保。汝等而常心中思惟, 貪愛具大福德, 心常愛樂 奴婢人民, 乃至穀麥倉庫 及大伏藏。心常愛樂父母妻子 及諸眷屬。如是等物雖恒愛樂, 如夢所見, 臨命終時, 無能相救得不命終 此南贍部洲。由是顚倒, 命終之後, 見大奈河, 膿血盈流, 又見大樹猛火熾燃。見斯事已, 心生驚怖。是時閻魔獄卒以繩繫縛, 急急牽挽,

모두 다 제도할 것이다. 이와 같은 불찰의 일체유정은 탐진치가 있다는 소리를 듣지 못할 것이니라.”

때에 대력아수라왕은 이렇게 수기의 말씀을 듣고, 곧 값어치가 백천이나 되는 진주 영락과 다시 여러 가지 묘한 보배로 장엄한 백천만수의 천관 귀걸이를 공양하면서 받아주시기를 원하였다.

이때 관자재보살마하살이 대력아수라왕에게 고하여 말씀하시었다.

“내가 지금 너를 위하여 법을 설할 것이니라, 마땅히 자세히 듣고. 너는 마땅히 자세히 생각할지니라. 내지 저 사람들은 무상하여 허깨비와 같아 목숨을 오래 보전하기 어렵다는 것을 알지니라. 너희들은 그리하여 항상 마음 가운데 탐애하여 대 복덕을 갖추었다. 마음으로 항상 노비 인민 내지 곡식창고와 및 대복장(大伏藏)을 좋아하며, 마음으로 항상 부모 처자와 및 모든 권속을 사랑하여 즐거워한다고 생각하고 있다. 이와 같은 등의 것들은 비록 항상 사랑하고 즐긴다하여도 꿈에서 본 것과 같아서 목숨이 끝날 때 다 달아서 능히 서로 구제하지도 못하며, 이 남섬부주에서 목숨이 끝나지 않게 할 수도 없다. 이러한 전도로 말미암아 목숨을 마침에 대나하(大奈河)의 고름 피가 가득히 흐르는 것을 볼 것이며, 큰 나무들이 맹열한 불길에 타오르는 것을 보게 될 것이다. 이러한 일들을 보고 나서 마음에 놀라움과 두려움이 생길 것이니라. 이때 염마옥졸은 끈으로 결박하여 급히 당겨 달려가 칼

走履鋒刃大路。舉足下足 剗割傷截, 而有無數烏鷲、
矩囉囉鳥, 及猯狗等, 而啖食之, 於大地獄受其極苦。

所履鋒刃大路之中, 復有大莿長十六指, 隨一一步有
五百莿刺, 入脚中悲啼, 號哭而言 :

「我等有情皆爲愛造罪業, 今受大苦。我今云何?」

時, 閻魔獄卒告言 :

「汝從昔來, 未曾以食施諸沙門, 亦未曾聞法犍稚聲,
未曾旋遶塔像。」

時, 諸罪人告閻魔獄卒言 :

「我爲罪障, 於佛法僧, 不解信敬, 而恒遠離。」

獄卒告言 :

「汝以自造種種惡業, 今受苦報。」

날의 큰길을 밟게 할 것이다. 그리하여 발을 들고 발을 내려놓을 적에 베어져서 상처가 날 것이다. 그리하여 무수한 까마귀와 독수리와 구라라(矩羅羅)[8]새와 및 미친개 등이 있어 이를 씹어 먹으면서 저 대 지옥에서 그 지극한 괴로움을 받을 것이다. 밟고 온 바의 칼날의 봉우리는 큰길 가운데 다시 또한 큰 가시가 있어 길이가 16지(脂)나 되며, 한 걸음 한 걸음 옮김에 5백의 가시가 있어, 다리 속으로 박혀 들어가니, 슬피 목 놓아 울면서 소리쳐 말할 것이다.

'우리들 유정들은 모두 다 죄업을 짓기를 좋아하기 때문에 이제 큰 괴로움을 받게 되는구나, 나는 이제 어찌할 것인가?'

그때 염마옥졸이 고하여 말할 것이다.

'너는 옛적부터 오는 동안에 아직 일찍이 먹을 것을 여러 사문에게 보시하지도 않았다. 또한 아직 일찍이 법의 건치성(揵稚聲)을 듣지도 못하였으며, 아직 일찍이 탑상을 돌지도 않았느니라.'

그러자 때에 모든 죄인이 염마옥졸에게 고하여 말할 것이다.

'우리들의 죄장 때문에 저 불법승을 믿고 공경할 줄을 알지 못하고 그리하여 항상 멀리하였습니다.'

염마옥졸이 말할 것이다.

'너희들은 스스로 여러 가지 악업을 지었으므로 이제 괴로운 과

---

8)   구라라새 – 구라라계라사를 말한다. 조취(鵰鷲). 독수리의 일종이다.

獄卒於是將諸罪人往閻魔王所，到已立在面前。時，閻
魔王言：

「汝去往於業報之處。」是時，閻魔獄卒驅領罪人，往
黑繩大地獄所。

到已，是諸罪人一一拋擲入地獄中。既擲入已，一一罪
人各有百槍，攢刺其身，命皆不死。次有二百大槍，俱
攢刺身，其命亦活。後有三百大槍一時攢刺其身，命亦
不死，命既生活。是時而又擲之入大火坑，命亦不死，
而於是時，以熱鐵丸入在口中，令吞咽之。脣齒斷齶及
其咽喉悉燒爛壞，心藏腸肚煎煮沸然，徧身燋壞。」

告大力阿蘇囉王言：

「受斯苦時而無一人能相救者，汝當知之。我今爲汝
說如是法，汝等應當躬自作福。」

時，觀自在菩薩摩訶薩，告大力阿蘇囉王言：

보를 받아야 한다.'

염마옥졸이 이에 여러 죄인을 데리고 염마왕의 처소에 가서, 그곳에 이르러 면전에 서 있었다. 때에 염마왕이 말씀하실 것이다.

'너는 저 업보를 받을 곳으로 가라,'

이때 염마옥졸이 죄인을 몰아 그들을 거느리고 흑승대지옥으로 간다. 그곳 이르러 이 모든 죄인들을 하나하나 지옥 속으로 내 던졌다. 이미 던져 넣고 나서 하나하나의 죄인에게 각각 백의 창이 있어 그 몸을 찔러도 목숨이 모두 죽지 않는다. 다음에 이백의 큰 창으로 몸을 찔려도 그 목숨이 또한 살아 있다. 후에 또 삼백의 큰 창이 있어 일시에 그 몸을 찔려도 또한 목숨이 죽지 않고 이미 살아 생활하고 있다. 이때 또한 이들을 큰 불구덩이에 던져 넣어도 목숨은 또한 죽지도 아니할 것이다. 그리하여 이때에 뜨거운 쇳덩이를 입안에 넣고 하여금 이것을 삼키게 한다. 입술과 이빨, 잇몸과 및 그 목구멍이 모두 타서 문드러지고 파괴되며, 심장과 창자가 익고 익어서 온몸이 타서 문드러질 것이다."

대력아수라왕에게 고하여 말씀하시었다.

"이러한 괴로움을 받을 때 어느 한 사람도 능히 서로 구제하여 주는 자가 없을 것이다. 너는 마땅히 그것을 알지니라. 내가 이제 너를 위하여 이와 같은 법을 선설할 것이다. 너희들은 마땅히 몸소 복을 지을지니라."

때에 관자재보살마하살이 대력아수라왕에게 고하여 말씀하시었

「我今欲往祇樹林園。彼於今日大衆集會。」

是時, 觀自在菩薩放無數雜色光明, 所謂靑色光明, 黃色光明, 紅色光明, 白色光明, 玻胝迦色光明, 金色光明等。

如是光明, 往尾舍浮如來前。時有天龍, 藥叉, 囉刹娑, 緊那囉, 摩護囉誐, 幷諸人等悉皆集會。復有無數菩薩摩訶薩, 亦皆集會。於是衆中有一菩薩, 名虛空藏。從坐而起, 整衣服, 偏袒右肩, 右膝著地, 恭敬合掌, 向佛而白佛言 :

「世尊, 今此光明爲從何來?」

佛告 :

「善男子, 今此光明是觀自在菩薩, 在大力阿蘇囉王宮中, 放斯光明, 而來至此。」

時, 虛空藏菩薩白世尊言 :

다.

"나는 이제 기수림원으로 가려고 한다. 저곳에 오늘 대중이 모이 느니라."

이때 관자재보살이 무수한 잡색의 광명을 놓으셨다. 이르는바 곧 청색광명, 황색광명, 홍색광명, 백색광명, 파지가색광명, 금색광 명 등이다. 이와 같은 광명이 미사부여래의 앞으로도 뻗어갔다. 때에 천, 용, 야차, 나찰사, 긴나라, 마호라가와 함께 여러 사람들 이 있어 모두 다 회에 모여 있었다. 다시 또 무수한 보살마하살이 있어 또한 모두 회에 모여 있었다. 이 대중 속에 한 보살이 있었 다. 이름이 허공장보살[9]이라. 그는 자리로부터 일어나서 의복을 정제하고 옷자락을 오른쪽 어깨에 걸치고 오른쪽 무릎을 땅에 대 고, 부처님을 향하여 공경합장하며 부처님께 아뢰어 말씀하였다.

"부처님이시여! 지금의 이 광명은 어디로부터 오는 것이옵니 까?"

부처님이 대답하여 말씀하시었다.

"선남자야 지금의 이 광명은 이 관자재보살이 대력아수라왕궁 안에 있으면서 이 광명을 놓아 그리하여 이곳까지 이른 것이니 라."

때에 허공장보살이 부처님에게 아뢰어 말씀하셨다.

---

9) Ākāśagardha. 허공처럼 무한한 자비를 가진 보살이다. 복과 지혜의 무량한 것이 허공과 같이 광대무변하기 때문에 이와 같이 부른다.

「我今以何方便而能見彼觀自在菩薩?」

佛告:

「善男子, 彼菩薩亦當來此。」

觀自在菩薩出大力阿蘇囉王宮時, 祇陀林園忽然, 而有天妙華樹, 天劫波樹,

而有無數諸天鮮妙雜色莊嚴, 上懸百種眞珠瓔珞, 又懸憍尸迦衣, 及餘種種衣服, 樹身枝條其色深紅, 金銀爲葉, 復有無數微妙香樹, 殊妙華樹。無數寶池有百千万雜色妙華, 充滿其中, 出現如是。時, 虛空藏菩薩白世尊言:

「彼觀自在菩薩, 於今何故而未來耶?」

佛告:

「善男子, 彼觀自在菩薩, 從大力阿蘇囉王宮出已, 而有一處, 名曰黑暗, 無人能到。善男子, 彼黑暗處, 日月光明之所不照。有如意寶, 名曰隨願,

"내가 이제 어떤 방편으로써 그리하여 능히 저 관자재보살을 친근할 수 있겠습니까?"

부처님이 대답하시었다.

"선남자야! 저 보살이 또한 마땅히 이곳에 올 것이니라."

관자재보살이 대력아수라왕궁을 나올 때 기타림원은 홀연히 천묘화수와 천겁파수가 있다. 그리하여 무수한 여러 천의 섬묘한 잡색으로 장엄이 되었으며, 위에는 백 가지의 진주와 영락이 걸려 있고, 또한 교시가의(僑尸迦衣)[10] 및 나머지 여러 가지 의복이 걸려 있으며, 나무 밑둥이나 가지는 그 빛이 짙은 붉은 색이며, 금은으로써 잎이 되었다. 다시 또 무수한 미묘한 향나무와 수려하고 미묘한 꽃나무가 있다. 무수한 보배의 연못에는 백천만의 잡색의 미묘한 꽃이 있어 그 가운데 가득히 피어 있었다.

이와 같이 출현할 때 허공장보살이 부처님께 아뢰어 말씀하였다.

"저 관자재보살은 이제 어찌하여 아직 오지 않습니까?"

부처님이 대답하시었다.

"선남자야 저 관자재보살이 대력아수라왕궁으로부터 나와서 그리하여 어느 한 곳에 계신다. 이름이 흑암이라, 사람이 능히 가지 못하는 곳이니라. 선남자야! 저 흑암처는 일월의 광명이 비치지 않는 곳이다. 오직 여의한 보배라 이름하는 수원(隨願)이 있

---

10) 교시가의 - Kauśika. 누에고치로 만든 옷. 비단옷.

而於恒時發光明照。彼有無數百千万藥叉止住其中。」

於時, 見觀自在菩薩入於其中, 心懷歡喜, 踊躍奔馳, 而來迎逆觀自在菩薩, 頭面禮足, 而問訊言:

「菩薩于今無疲勞耶? 久不來此黑暗之地?」

觀自在菩薩言:

「我爲救度諸有情故。」

時, 彼藥叉、羅刹以天金寶師子之座, 而請就坐。於是菩薩, 爲彼藥叉、羅刹說法:

「汝當諦聽。有大乘經名 『大乘莊嚴寶王』, 若有得聞一四句偈, 而能受持讀誦, 解說其義, 心常思惟, 所獲福德, 無有限量。善男子, 所有微塵我能數, 其如是數量, 善男子, 若有於此 『大乘莊嚴寶王經』, 而能受持一四句偈, 所獲福德, 而我不能數其數量。若以大海所有之水, 我能數其一一滴數, 若於此經, 有能受持一四句偈,

어 항상 광명을 발하여 비치고 있느니라. 그곳에 무수한 백천만의 야차가 있어 그 안에 머물러 있느니라."

저 때에 관자재보살이 그곳으로 들어오는 것을 보고 마음에 환희심을 품고 좋아 날뛰면서 그리하여 관자재보살을 맞아 환영하면서 머리로 발에 예배하고 물어 말하였다.

"관자재보살이시여! 지금 피로하심이 없으십니까? 왜 오래도록 이 어두운 곳에서 나오시지 아니하셨습니까?"

관자재보살이 말씀하시었다.

"나는 모든 유정을 구하여 제도하기 위함이니라."

그때 저 야차 나찰들이 천금보배사자좌로써 자리에 앉기를 청하였다. 이에 관자재보살이, 저 야차 나찰들을 위하여 설법하시었다.

"너희들은 마땅히 자세히 들을지니라. 대승경이 있다. 이름이 『대승장엄보왕경』이라. 만일 하나의 사구 게송을 들음을 얻고 능히 받아 가져 독송하여 그 뜻을 해설하여 마음에 항상 생각하면 얻는바 복덕은 한량이 없을 것이니라. 선남자야! 있는바 가는 티끌은 내가 이와 같은 수량을 헤아리지만, 선남자야! 만일 이『대승장엄보왕경』에서 능히 하나의 사구 게송을 수지하여 얻는 바의 복덕은 내가 능히 그 수량을 헤아릴 수 없느니라. 만일 큰 바다에 있는 물로써 내가 능히 그 하나하나의 물방울의 수를 헤아릴 수는 있지만, 만일 이경 가운데 능히 하나의 사구 게송을 수지

所獲福德, 而我不能數其數量。假使十二殑伽河沙數
如來應正等覺, 經十二劫俱在一處, 恒以衣服, 飲食, 臥
具, 湯藥, 及餘資具, 奉施供養如是諸佛, 而亦不能說盡
如是福德數量。非唯於我, 在黑暗處說不能盡。

善男子, 又如四大洲人各各以自所居舍宅, 造立精舍,
而於其中, 以天金寶造千窣堵波, 而於一日悉皆成就,
種種供養, 所獲福德, 不如於此經中, 而能受持一四句
偈, 所獲福德。善男子, 如五大河入於大海, 如是流行
無有窮盡, 若有能持此大乘經四句偈者, 所獲福德流行,
亦復無盡。」

時, 彼藥叉、羅刹白觀自在菩薩言:

「若有有情, 而能書 寫此大乘經, 所獲福德, 其量云
何?」

독송하여 얻는 바의 복덕은 내가 능히 그 수량을 헤아릴 수 없느니라. 가사 12항하강의 모래 수만큼의 여래응정등각이 12겁을 지나 한 곳에 계신다. 항상 의복과 음식과 와구와 탕약과 및 나머지 자구로써 이와 같은 모든 부처님에게 받들어 공양하였다. 그러나 또한 능히 이와 같은 복덕의 수량을 다 설하지 못하느니라. 오직 나뿐만이 아니라. 흑암처에 있어서도 능히 다 설하지 못하느니라. 선남자야! 또한 만일 사대주의 사람이 각각 자기가 있는 집으로써 정사를 만들어 세워, 그리하여 그 가운데 하늘의 금보로써 천개의 솔도파(率堵波)[11]를 만들되, 그리하여 하루에 모두 다 성취하여 여러 가지를 공양하여 얻은 바의 복덕도 이 경 가운데 있는 것과 같지 아니할 것이며 능히 하나의 사구 게송을 수지독송하여 얻은 바의 복덕과도 같지 못하느니라.

선남자야! 마치 저 다섯 큰 강물이 큰 바다로 들어가되, 이와 같이 흘러가서 다함이 없는 것과 같이, 만약 또 능히 이 『대승장엄경』의 사구 게송을 가지는 자가 있으면 얻은 바의 복덕이 흘러감도 또한 다시 다함이 없을 것이니라."

그때 저 야차, 나찰이 관자재보살에게 아뢰어 말씀하였다.

"만약 어떤 유정이 있어 능히 이 대승경전을 써서 베낀다면, 얻은

---

11) 솔도파 - stūpa. 수두파, 사투파. 줄인말호 塔婆. 浮圖로 탑을 가리킨다. 산치대탑과 같은 웅장한 탑도 있다. 솔토파 중에 부처님의 일대기인 8상에 따라 각각의 모양으로 조성하기도 한다.

「善男子, 所獲福德無有邊際。若人有能書寫此經, 則同書寫八万四千法藏, 而無有異。是人當得轉輪聖王, 統四大洲, 威德自在, 面貌端嚴, 千子圍遶, 一切他敵, 自然臣伏, 若有人能常時 但念此經名號, 是人速得解脫輪廻之苦, 遠離老死憂悲苦惱, 是人於後所生之處, 能憶宿命, 其身常有牛頭栴檀之香, 口中常出靑蓮華香, 身相圓滿具大勢力。」

說是法時, 彼諸藥叉, 羅刹有得預流果者, 其中或有得一來果者, 作如是言:

「唯願菩薩且住於此, 勿往餘處。

바의 복덕은 그 양이 어떠하겠습니까?"

관자재보살이 말씀하시었다.

"선남자야! 얻은바 복덕은 끝이 없느니라. 만약에 사람이 있어 능히 이 경을 써서 베낀다면, 곧 8만4천의 법장을 써서 베끼는 것과 같이 다름이 없느니라. 이 사람은 마땅히 전륜성왕이 됨을 얻어서 사대주를 다스리되 위덕이 자재한 것이며, 얼굴 모양이 단정하고 위엄스러우며 천의 아들이 둘러 있고, 일체의 다른 적들이 자연히 신하로 굴복할 것이니라. 만약 어떤 사람이 능히 항상 다만 이 경의 이름을 염하면, 이 사람은 속히 윤회의 고통에서 해탈함을 얻고 멀리 늙고 죽는 것과 근심과 슬픔과 괴로움을 여읠 것이니라. 이 사람이 뒤에 태어나는 곳에서 능히 숙명을 생각하고 그 몸에는 항상 우두전단[12]의 향이 있으며, 입안에서는 항상 청련화의 향이 나오며, 신상이 원만하여 큰 힘을 갖추게 되느니라."

이렇게 법을 설할 때, 저 모든 야차 나찰들은 예류과[13]를 얻은 자도 있고, 그 가운데는 혹은 일래과를 얻은 자가 있어, 이와 같이 말하였다.

"오직 원 하옵건데, 보살께서는 오래 이곳에 머물러 다른 곳으로

---

12) 우두전단 - 赤旃檀이라 한다. 꽃봉우리가 소머리처럼 생겨서 생긴 이름이다. 향기가 사향과 비슷하다. 빛은 赤銅色이다. 나무는 불상 등을 만들고 가루는 약재로 쓰이며 기름은 향수의 원료로 사용한다.
13) 성문사과 중에 첫 번째 경지이다.

我今於此黑暗之地, 以天金寶造窣堵波, 又以金寶造經

行處。」

是時, 觀自在菩薩摩訶薩告言:

「我爲救度無數有情, 皆令當得菩提道故, 欲往餘

處。」

時, 諸藥叉、羅刹各各低頭, 以手搘摑, 徘徊意緒, 而思

惟之作如是言:

「今觀自在菩薩摩訶薩捨此而去, 於後誰能爲於我等

說微妙法?」

觀自在菩薩摩訶薩於是而去, 彼諸藥叉、羅刹悉皆隨

侍而送。觀自在菩薩摩訶薩告言:

「汝等而來已遠, 應還所住。」

時, 諸藥叉、羅刹頭面著地, 禮觀自在菩薩摩訶薩足,

已還歸本處。時, 觀自在菩薩摩訶薩猶如火焰, 上昇虛

空而往天宮。到彼天上, 現婆羅門身。彼天衆中有一

天子, 名妙嚴耳, 而常貧窮受斯苦報。

가지 마소서, 우리들이 이제 이 어두운 곳에서 하늘의 금보로써 솔도파를 만들고, 또 금보로써 경행하는 곳을 만들겠나이다."

이때 관자재보살마하살이 고하여 말씀하시었다.

"나는 무수한 유정을 구제하고 제도하여 다 하여금 마땅하게 깨달음의 길을 얻게 하기 위하여 다른 곳으로 가려고 하느니라."

때에 모든 야차 나찰들이 각각 머리를 숙이고 손으로 뺨을 버티고 배회하면서 그리하여 생각하더니, 이와 같이 말을 하였다.

"이제 관자재보살마하살이 이곳을 버리고 떠나신다. 뒤에 뉘가 있어 능히 우리들을 위하여 미묘한 법을 선설할 것인가?"

관자재보살마하살이 이에 떠나려고 하였다. 저 모든 야차와 나찰 등이 모두 다 뒤따라 배웅을 한다. 관자재보살마하살이 고하여 말씀하시었다.

"너희들이 이미 멀리 왔다. 마땅히 머물던 곳으로 돌아가라."

때에 모든 야차와 나찰들이 머리를 땅에 대고, 관자재보살마하살의 발에 예배하고 나서 온 곳으로 돌아갔다.

때에 관자재보살마하살이 마치 불꽃이 솟아오르듯이 허공으로 올라가서 그리하여 천궁으로 가셨다. 저 천상에 이르러 바라문의 몸으로 나타내었다. 저 천중들 가운데 한 천자가 있었다. 이름이 묘엄이(妙嚴耳)[14]라. 항상 빈궁하여 이러한 고통의 과보를

---

14) 묘음이천자 – 변재천의 다른 이름이다. 여신은 지혜 지식 과학 예술 학술 음악의 수호자이다.

時, 觀自在菩薩所現婆羅門身, 詣彼天子所, 到已告言 :

「我患飢餒, 而復困渴。」

時彼天子垂泣 而告婆羅門言 :

「我今貧匱無物所奉。」

婆羅門言 :

「我切所須必應相饋, 乃至少分。」

時, 彼天子俛仰入宮, 搜求所有, 忽然見其諸大寶器, 復盛異寶盈滿其中, 復有寶器滿中, 而盛上味飲食。又有嚴身上妙衣服盈滿宮中。時, 彼天子心懷思惟 :

「今此門外婆羅門, 決定是其不可思議之人, 令我得是殊常之福。」

於是, 請彼大婆羅門入其宮中, 持天妙寶, 及天上味飲食, 以奉供養。受斯供已, 而呪願言 :

받고 있었다. 때에 관자재보살이 바라문의 몸으로 나타내어서 저 천자가 있는 곳으로 나아가서, 그곳에 이르러 고하여 말씀하시었다.

"나는 주리고 배가 고프며 다시 갈증의 고통이 심하다."

때에 저 천자는 눈물을 흘리면서 그리하여 바라문에게 고하여 말하였다.

"나는 이제 가난하여 공양할 물건이 없습니다."

이에 바라문이 말하였다.

"나는 간절히 바라는 바이다. 반드시 응당히 조금이라도 먹어야겠느니라."

때에 저 천자는 우러러보며, 궁으로 들어가 있는 것을 찾았다. 홀연히 모든 큰 보물 그릇이 있음을 보았다. 다시 기이한 보물이 그 가운데 가득 차 있었다. 다시 또한 보물단지에 좋은 음식이 가득하게 있으며, 다시 또한 장엄하게 몸을 꾸미는 좋고 묘한 의복이 궁중에 가득하였다. 때에 저 천자는 마음으로 생각하였다.

'지금 이 문밖에 있는 바라문은 반드시 곧 불가사의 한 사람이리라. 나로 하여금 이 수승하고 향상한 복을 얻게 하고자 함이었을 것이다.'

이에 있어 저 대 바라문을 그 궁중으로 청하여 들어오게 하여 천상의 묘한 보배와 및 맛 좋은 음식으로써 공양하여 받들었다. 이 공양을 받고 나서 진언으로 말씀하시었다.

「安樂長壽。」

時, 彼天子白婆羅門言:

「賢者爲從何方 而來到此?」

婆羅門言:

「我從祇陀樹林大精舍中, 於彼而來。」

天子問言:

「彼地云何?」

婆羅門告言:

「彼祇陀林精舍之中, 其地清淨, 出現天摩尼寶, 莊嚴劫樹。又現種種適意摩尼之寶, 又現種種寶池, 又有戒德威嚴, 具大智慧, 無數大衆出現其中。彼有佛號尾舍浮如來。於是聖天所住之地, 有如是變化出現之事。」

時, 彼天子白言賢者:

「云何? 大婆羅門宜誠諦說, 爲是天耶, 爲是人耶? 賢者于今, 云何出現斯瑞?」

時, 婆羅門言:

「我非是天, 亦非是人, 我是菩薩。

"안락하고 장수할지니라."

때에 저 천자가 바라문에게 아뢰어 말씀하였다.

"현자는 어느 곳으로부터 오셨어, 이곳에 이르렀습니까?""

바라문이 대답하였다.

"나는 기타수림의 대정사로부터 이곳에 왔노라."

천자가 물어 말하였다.

"저곳은 어떠한 곳입니까?"

바라문이 말씀하였다.

"저 기타림의 정사 안에는, 그 땅이 청정하여 천상의 마니보가 출현하며, 겁수로써 장엄하였다. 또한 여러 가지 뜻에 맞는 마니보배가 나타나며, 또한 여러 가지 보배의 연못이 나타나 있으며, 또한 계행과 위엄을 갖춘 큰 지혜가 한량없는 대중들이 그 가운데 출현하여 있음이라. 저곳에 부처님이 계신다. 이름이 미사부여래이다. 이 거룩한 천자가 머무는 곳에도 이와 같이 변화하여 나타나는 일이 있느니라."

때에 저 천자가 현자에게 아뢰어 말하였다.

"어떠한 것입니까? 대 바라문이시여! 마땅히 정성껏 자세히 설하여 주소서. 이는 하늘입니까? 이 사람입니까? 현자여! 이제 어찌하여 이러한 상서로움이 나타나옵니까?"

때에 바라문이 대답하였다.

"나는 이 하늘도 아니요 또한 이 사람이 아니다. 나는 이 보살이

爲欲救度一切有情, 皆令得見大菩提道。」

於是, 天子旣聞斯已, 卽以天妙寶冠, 莊嚴珥璫, 持奉供養, 而說偈言 :

『我遇功德地 遠離諸罪垢 如今種勝田 現獲於果報』

於是, 天子說斯偈時, 彼婆羅門化度事訖, 而出天宮, 卽時而往師子國內。到已, 於諸羅剎女前, 當面而立。其所現身相貝端嚴, 殊色希奇, 諸羅剎女 見斯容質, 而起慾心, 旣懷欣慕, 於是, 移步親近而告彼言 :
「可爲我夫。我是童女, 未經適娉, 願爲我夫。今旣來此, 勿復餘去。

다. 일체 유정을 구제하고 제도하고자 하며 하여금 모두 대 보리도를 얻게 하고자 하는 것이다."

이에 천자는 이 말을 듣고 나서, 곧 하늘의 묘한 보배의 관과 장엄한 귀걸이를 가져다 공양하여 받치었다. 그리하여 게송을 설하여 말하였다.

"내가 공덕의 땅을 만나서
모든 죄업의 더러움을 멀리 여의었으니
이제 뛰어난 종자를 밭에 심어
현금에 과보를 얻게 함과 같음이로다."

이에 있어 천자가 이 게를 설할 때, 저 바라문은 교화하고 제도하는 일이 끝났다. 그리하여 천궁에서 즉시 나와 사자국 안으로 들어갔다. 저에 이르러 모든 나찰녀의 앞에 얼굴을 서로 마주 보고 서 있었다. 이곳에 나타난 바의 몸은 상모가 단엄하고 수승하며 빛이 희귀하였다. 모든 나찰녀는 이 모습을 보고, 욕심을 일으켜 흠모하는 정을 품으면서, 이에 있어 걸음을 옮겨 가까이 친근하면서 그에게 고하여 말하였다.

"가히 나를 위하여 나의 남편이 되어주소서! 나는 이 동녀이니, 아직 시집가지 않았습니다. 원하건데 나의 남편이 되어주세요. 이제 이미 이곳에 왔으니, 다시 다른 곳으로 가지 마십시오. 마치

如人無主而能爲主, 又如闇室爲燃明炬, 我今此有飮食,

衣服, 庫藏豐盈, 及有適意果園, 悅意水池。」

告羅刹女言 :

「汝今應當聽我所說。」

羅刹女言 :

「唯然願聞, 旨諭云何?」

「我今爲汝說八正道法, 又爲說四聖諦法。」

時, 羅刹女得聞是法, 各獲果證, 有得預流果者, 或得一

來果者, 無貪瞋癡苦, 不起惡心, 無殺命意, 其心樂法樂

住於戒, 作如是言 :

「我從今已去, 而不殺生。如南贍部洲奉戒之人, 清淨

飮食, 如是活命, 我自于今, 活命亦爾。」

사람의 주인이 없는데 능히 주인이 되는 것과 같고, 또한 마치 어두운 방에 밝은 횃불과 같음이라. 나는 이제 이곳에 음식과 의복이 있습니다. 창고에 풍부하게 가득 차 있으며, 또한 뜻에 맞는 과원과 마음을 즐겁게 하는 연못도 있습니다."

나찰녀에게 고하여 말하였다.

"너는 이제 마땅히 내가 설하는 것을 자세히 들을지니라."

나찰녀가 말하였다.

"오직 원하건데 가르침을 듣겠나이다. 어떤 것이옵니까?"

"나는 이제 너를 위하여 팔정도법[15]을 설할 것이며, 또한 너를 위하여 사성제법[16]을 설하리라."

때에 나찰녀는 이 법을 듣고 각각의 과를 증득하였다. 예류과를 얻는 자도 있으며, 혹은 일래과를 얻은 자도 있어서 탐진치의 괴로움이 없어지고, 악한 마음을 일으키지 아니하여, 살생 하고자 하는 마음이 없어졌다. 그 마음에 법을 즐기고 계에 머물기를 즐기면서 이와 같이 말하였다.

"나는 이제부터 이후로는 살생하지 아니하겠나이다. 마치 남섬부주의 계를 받드는 사람이 청정한 음식으로써 이와 같이 목숨을 살리고 있는 것과 같이, 내가 스스로 이제 목숨을 살림이 또한 이

---

15) 팔정도법 - 八聖道라 한다. 불교의 실천 수행 중에 중요한 종목 8종을 뜻한다. 正見, 正思惟, 正語, 正業, 正命, 正精進, 正念, 正定이다.
16) 사성제법 - 부처님이 초전법륜에서 5비구에게 처음으로 설하신 고집멸도의 법을 말한다.

於是, 羅刹女, 不造惡業, 受持學處。觀自在菩薩摩
訶薩出師子國, 而往波羅奈大城穢惡之處。彼有無數
百千万類蟲蛆之屬, 依止而住。觀自在菩薩爲欲救度
彼有情故, 遂現蜂形而往。於彼口中出聲作如是云:

「曩謨沒馱野。」

彼諸蟲類隨其所聞, 而皆稱念, 亦復如是。由斯力故,
彼類有情所執身見, 雖如山峯, 及諸隨惑, 金剛智杵, 一
切破壞, 便得往生極樂世界, 皆爲菩薩, 同名妙香口。

於是救度彼有情已, 出波羅奈大城, 而往摩伽陀國。時
彼國中值天亢旱, 滿二十歲。見彼衆人及諸有情 飢饉
苦惱之所逼切悉, 皆互相食噉身肉。是時, 觀自在菩薩
心懷思惟:

와 같이 하겠나이다."

이에 나찰녀는 악한 짓을 하지 않고 학처(學處)[17]를 받아 가졌다.

관자재보살마하살이 사자국을 나와서 그리하여 바라나대성의 더럽고 추한 곳으로 갔었다. 저곳에는 헤아릴 수 없을 만큼 많은 백천만종류의 벌레들이 있어 서로 의지하면서 살고 있었다. 관자재보살은 저 유정들을 구제하고자 하는 까닭에 드디어 벌의 형상을 나타내어서 그곳으로 갔다. 저 입안에서 소리를 내기를, 이와 같이 하였다.

"나모 붓다야(羅謀沒馱野)"

저 여러 벌레들이 그가 들은 바에 따라서 모두 다 칭념함이 또한 다시 이와 같이 하였다. 이 힘으로 말미암아 저 유정들이 집착한 바 신견은 비록 산봉우리 및 제 수혹과 같더라도 금강지저(金剛智杵)로 일체를 파괴하여, 곧 극락세계에 왕생함을 얻었으며, 모두 보살이 되어 같이 '묘향구'라는 같은 이름을 얻게 되었다.

이에 저 유정들을 구제하여 제도하고 나서 바라나대성을 나와 마가다국으로 가셨다. 때에 저 나라 가운데 가뭄이 계속되기 20년이 되었다. 저 뭇 사람들과 및 모든 유정들을 보았다. 주림의 괴로움이 절박하여 모두가 다 서로 남의 몸을 먹는지라. 이때 관자재보살이 마음속으로 생각하였다.

---

17)　학처 - śikṣāpada. 배울만한 곳이라는 뜻. 불제자가 수행할 수 있는 곳이 곧 계율이다. 그러므로 학처란 곧 계율을 뜻하는 말이다.

「以何方便救此有情?」

時, 觀自在菩薩種種降雨, 先降雨澤, 蘇息枯涸, 然後復雨種種之器, 各各滿中, 而盛味中, 上味飲食。時, 彼衆人, 皆得如是 飲食飽滿。是時又雨資糧粟豆等物。於是彼諸人等所須之物, 隨意滿足。時摩伽陀國一切人民心懷驚愕怪

「未曾有」

時, 衆於是集在一處, 既俱集已, 各作是言:

「于今云何, 天之威力致如是耶?」

於彼衆中, 而有一人耆年老大, 其身傴僂而策其杖, 此人壽命無數百千。告衆人言:

「此非是天之威力, 今此所現, 定是觀自在菩薩威德神力之所變現。」

衆人問言:

「彼觀自在菩薩何故, 而能出現斯瑞?」

'무슨 방편으로써 이 유정들을 구제할 것인가?'

때에 관자재보살은 여러 가지 비를 내렸다. 먼저 못에 비를 내려 고갈을 없게 하였다. 그러한 후 다시 모든 그릇에 비를 내려서 각 각 그 속을 가득하게 하고 그리하여 맛 좋은 최상미의 음식으로 채웠다. 그때 저 대중들이 모두 이와 같은 음식으로 배불리 먹었 다. 이때 또한 양식의 재료인 좁쌀이나 콩 등의 물건을 내렸다. 이에 있어 모든 사람들은 필요한 것을 뜻에 따라 가져서 만족하 게 하였다. 때에 마가다국의 모든 백성들은 마음에 놀라움을 품 고 크게 괴이하게 생각하였다.

'일찍이 있었던 일이 아니다.'

때에 대중들이 이에 있어 한곳에 모였다. 이미 모이고 나서 각각 이런 말을 하였다.

'이제 어찌하여 하늘의 위력의 다스림이 이와 같은가?'

저 대중 가운데에 한 나이 많은 노인이 있었다. 그 몸이 구부러져 지팡이에 의지하고 있었다. 이 사람의 수명은 무수백천이라. 대 중들에게 고하여 말하였다.

"이러한 것은 이 하늘의 위력이 아니다. 이제 이 나타난 바는 정 녕코 이 관자재보살의 위신력이 나타난 바의 변화일 것이다."

대중들이 물어 말하였다.

"저 관자재보살은 무슨 이유로 능히 이러한 상서로움을 나타내 었습니까?"

耆舊於是, 卽說彼聖觀自在功德神力,

「爲盲冥者而爲明燈, 陽焰熾盛爲作廕覆, 渴乏之者爲現河流, 於恐畏處施令無畏, 病苦所惱而爲醫藥, 受苦有情爲作父母, 阿鼻地獄其中有情令見涅盤之道, 能令世間一切有情, 得是功德利益安樂。若復有人念是觀自在菩薩名者, 是人當來, 遠離一切輪廻之苦。」

衆人聞已咸稱

「善哉! 若有人能於觀自在像前, 建立四方曼拏羅, 常以香華, 供養觀自在菩薩者, 是人當來而得轉輪聖王, 七寶具足, 所謂金輪寶, 象寶, 馬寶, 珠寶, 女寶, 主藏寶, 主兵寶, 得如是七寶。若復有人能以一華供養觀自在菩薩者, 是人當得身出妙香, 隨所生處而得身相圓滿。」

노인이 이에 있어 곧 저 성관자재보살의 공덕의 위신력을 설하였다.

"눈이 먼 자를 위하여서는 곧 밝은 등불이 되시었고, 햇빛이 강한 곳에는 그늘을 짓는 덮게가 되시었고, 목마른 자에게는 강물의 흐름을 나타내시었고, 저 두려운 곳에는 하여금 두려움이 없게 하시었고, 병고에 괴로워하는 자에게는 그리하여 의약이 되시었고, 괴로움을 받는 유정에게는 부모가 되시었고, 아비지옥 중에 있는 유정에게는 하여금 열반의 길을 보게 하시었다. 능히 세간의 일체 유정으로 하여금 이러한 공덕과 이익과 안락을 얻게 하느니라. 만약 다시 어떤 사람이 이 관자재보살의 이름을 염하는 자가 있으면, 이 사람은 마땅히 오는 세상에 일체 윤회의 괴로움을 멀리 여의게 되느니라."

대중들이 이러한 말을 듣고 나서 모두

"선재"라 칭하였다.

"만약에 어떤 사람이 있어 능히 관자재보살의 상 앞에서 사방 만다라를 건립하여 항상 향화로써 관자재보살에게 공양하는 자는 이 사람은 오는 세상에 전륜성왕이 되어, 칠보가 구족할 것이다. 이르는바 금륜보, 마보, 주보, 여보, 주장보, 주병보이다. 이와 같은 칠보를 얻을 것이다. 만약 다시 어떤 사람이 있어 능히 한 송이 꽃으로써 관자재보살에게 공양하는 자는, 이 사람은 마땅히 몸의 묘한 향기를 냄을 얻어서 태어나는 곳마다 신상이 원만함을

於是, 耆舊說觀自在菩薩功德神力已, 時, 諸人衆各各
還歸所住, 耆舊之人旣說法已, 迴還亦爾。是時, 觀自
在菩薩上昇虛空, 於是思惟 :

「我久不見尾舍浮如來, 而今應當往到祇陀樹林精舍
之中, 見彼世尊。」

是時, 觀自在菩薩卽往到彼精舍, 見有無數百千万天,
龍, 藥叉, 彦達嚩, 阿蘇囉, 蘗嚕拏, 緊那囉, 摩護囉誐,
人及非人, 復有無數百 千万菩薩, 悉皆集會。

是時虛空藏菩薩白佛言 :

「世尊, 今此來者, 是何菩薩?」

佛告 :

「善男子, 是觀自在菩薩摩訶薩。」

時, 虛空藏菩薩默然而住。於是, 觀自在菩薩遶佛三匝,
却坐左邊, 世尊於是, 而慰問言 :

「汝無疲勞耶? 善男子! 汝於餘處, 所爲化事, 而云何
耶?」

얻을 것이다.”

이와 같이 그 늙은이가 관자재보살의 공덕과 위신력을 모두 설하여 마치었다. 때에 모든 사람들이 각각 머무르던 곳으로 돌아가고, 늙은이도 이미 법을 다 설하고 머무르던 곳으로 돌아갔다.

이때 관자재보살이 허공위로 올라가서 이에 생각하시었다.

‘내가 오래도록 미사부여래를 친근하지 못하였다. 이제 마땅히 기타수림의 정사 가운데로 돌아가서 저 부처님을 친근하리라.’

이때 관자재보살은 곧 저 정사로 가서 그곳에 도착하였다. 무수 백천만의 천, 용, 야차, 언달바, 아수라, 가루라, 긴나라, 마후라가, 인간, 및 비인이 있는 것을 보았다. 다시 또 수없이 많은 백천만 보살이 모두 다 회에 모여 있었다.

이때 허공장보살이 부처님께 아뢰어 말씀하였다.

“부처님이시여! 지금 이곳에 오시는 분은 이 어떠한 보살입니까?”

부처님이 대답하시었다.

“선남자야! 이는 관자재보살마하살이니라.”

때에 허공장보살이 묵연히 있었다. 이에 있어서 관자재보살이 부처님을 세 번 돌고 왼편에 가서 앉았다. 부처님께서 이에 위문하여 말씀하였다.

“너는 피로하지 아니한가? 선남자야! 네가 다른 곳에 교화한 바 일들은 어떠하였는가?”

觀自在於是, 卽說昔所化事。

「我已救度如是如是有情。」

時, 虛空藏菩薩聞已心中怪

「未曾有」

「今我見此觀自在, 而爲菩薩乃能救度, 如是國土有情, 得見如來如是國土有情, 而爲菩薩。」

是時, 虛空藏菩薩於觀自在前立, 而問訊於觀自在菩薩言:

「如是化度, 得無疲勞耶?」

觀自在言:

「我無疲勞。」

而問訊已, 默然而住。

爾時, 世尊告善男子言:

「汝等諦聽。我今爲汝說六波羅蜜多法。善男子, 若爲菩薩應先修行 布施波羅蜜多, 然後修行如是持戒, 忍辱, 精進, 靜慮, 般若波羅蜜多。

관자재보살이 이에 있어 곧 그 전날 교화한 바 일을 말씀하시었다.

"내가 이미 이와 같고 이와 같은 유정들을 구제하고 교화하였나이다."

때에 허공장보살이 듣고 나서, 마음속으로 크게 괴이하게 생각하였다.

'일찍 있지 않았던 것이니라. 이제 나도 이 관자재보살을 친근하고 그리하여 허공장보살이 이에 능히 이와 같은 국토의 유정을 구제하겠노라. 여래를 친근함을 얻게 할 것이며, 이와 같은 국토의 유정들은 그리하여 보살이 되게 하리라.'

이때 허공장보살은 관자재보살의 앞에 서서 관자재보살에게 물어 말하였다.

"이와 같이 화도 하여도 피로함이 없습니까?"

관자재보살이 대답하시었다.

"나는 피로하지 아니하노라."

물음이 끝내고 묵연히 머물러 있었다.

이때 부처님께서 선남자에게 고하여 말씀하시었다.

"너희들은 자세히 들어라. 내가 지금 너희들을 위하여 육바라밀다법을 설할 것이니라. 선남자야! 만약 보살이 되고자 할진댄 마땅히 먼저 보시바라밀다를 수행하고, 그러한 연후에 이와 같이 지계, 인욕, 정진, 정려, 반야바라밀다를 수행할지니라. 이와 같이

如是而得圓滿具足。」

說斯法已, 默然而住, 時彼衆會各各而退, 還歸本處。

彼菩薩衆而亦退, 還本佛刹土。

佛說大乘莊嚴寶王經 卷第二 終。

하여 원만 구족함을 얻게 되느니라."

이 법을 설하고 나서 묵연히 머무르시었다. 저 때에 대중이 각각 물러가 있던 곳으로 돌아갔다. 저 보살들의 무리도 곧 또한 물러가 본래의 부처님의 나라로 돌아갔다.

불설대승장엄보왕경 권제2 마침.

佛說大乘莊嚴寶王經 卷第三

爾時, 除蓋障菩薩白世尊言 :

「觀自在菩薩摩訶薩往昔之事, 已聞佛說。彼菩薩有
何三摩地門? 唯願世尊, 爲我宣說。」

佛告 :

『善男子, 其三摩地門, 所謂有相三摩地, 無相三摩地,
金剛生三摩地, 日光明三摩地, 廣博三摩地, 莊嚴三摩
地, 旌旗三摩地, 作莊嚴三摩地, 莊嚴王三摩地, 照十方
三摩地, 妙眼如意三摩地, 持法三摩地, 妙最勝三摩地,
施愛三摩地, 金剛幡三摩地, 觀察一切世界三摩地, 樂
善逝三摩地, 神通業三摩地, 佛頂輪三摩地, 妙眼月三
摩地, 了多眷屬三摩地, 天眼三摩地, 明照劫三摩地, 變
現見三摩地, 蓮華上三摩地, 上王三摩地, 清淨阿鼻三
摩地, 信相三摩地, 天輪三摩地, 灑甘露三摩地, 輪光明
三摩地, 海深三摩地, 多宮三摩地, 迦陵頻伽聲三摩地,
青蓮華香三摩地, 運載三摩地, 金剛鎧三摩地, 除煩惱

불설대승장엄보왕경 권제3

이때 제개장보살이 부처님께 아뢰어 말씀하였다.

"관자재보살마하살의 예전의 일은 이미 부처님께서 설하셔서 들었습니다. 저 관자재보살님에게는 어떤 삼마지문이 있습니까. 오직 원하건데 부처님께서 저를 위하여 선설하여 주옵소서!"

부처님께서 고하여 말씀하시었다.

"선남자야! 저 삼마지문은 이르는바 유상삼마지, 무상삼마지, 금강생삼마지, 일광명삼마지, 광박삼마지, 장엄삼마지, 성기삼마지, 작장엄삼마지, 장엄왕삼마지, 조시방삼마지, 묘안여의삼마지, 지법삼마지, 묘최승삼마지, 시애삼마지, 금강번삼마지, 관찰일체세계삼마지, 낙선서삼마지, 신통업삼마지, 불정륜삼마지, 묘안월삼마지, 료다권속삼마지, 천안삼마지, 명조겁삼마지, 변현견삼마지, 연화상삼마지, 상왕삼마지, 청정아비삼마지, 신상삼마지, 천륜삼마지, 쇄감로삼마지, 륜광명삼마지, 해심삼마지, 다궁삼마지, 가릉빈가성삼마지, 청련화향삼마지, 운재삼마지, 금강개삼마지, 제번뇌삼마지,

三摩地, 師子步三摩地, 無上三摩地, 降伏三摩地, 妙月三摩地, 光曜三摩地, 百光明三摩地, 光熾盛三摩地, 光明業三摩地, 妙相三摩地, 勸阿蘇囉三摩地, 宮殿三摩地, 現圓寂三摩地, 大燈明三摩地, 燈明王三摩地, 救輪迴三摩地, 文字用三摩地, 天現前三摩地, 相應業三摩地, 見眞如三摩地, 電光三摩地, 龍嚴三摩地, 師子頻伸三摩地, 莎底面三摩地, 往復三摩地, 覺悟變三摩地, 念根增長三摩地, 無相解脫三摩地, 最勝三摩地, 開導三摩地。

善男子, 觀自在菩薩摩訶薩, 非唯有是三摩地, 而於一一毛孔, 具百千万三摩地。善男子, 觀自在菩薩摩訶薩位居菩薩, 功德如是乃至諸佛如來歎

「未曾有」

如是功德。善男子, 我於往昔爲菩薩時, 與五百商人, 欲往師子國中, 將諸車, 乘駝驢牛等, 求其財寶。卽發往彼道路, 經歷村營城邑聚落之處, 相次至於海濱, 欲承大舶。於是俱昇舶內, 我當問於舶主言:

「汝應看其風信, 從何而起, 往何國土, 爲往寶洲? 爲闍婆國羅刹國耶?」

사자보삼마지, 무상삼마지, 항복삼마지, 묘월삼마지, 광요삼마지, 백광명삼마지, 광치성삼마지, 광명업삼마지, 묘상삼마지, 권아수라삼마지, 궁전삼마지, 현원적삼마지, 대등명삼마지, 등명왕삼마지, 구륜회삼마지, 문자용삼마지, 천현전삼마지, 상응업삼마지, 견진여삼마지, 전광삼마지, 용엄삼마지, 사자빈신삼마지, 사저면삼마지, 왕복삼마지, 각오변삼마지, 염근증장삼마지, 무상해탈삼마지, 최승삼마지, 개도삼마지이니라.

선남자야! 관자재보살마하살은 오직 이 삼마지만을 가질 뿐 아니라, 또한 하나하나의 털구멍(毛孔)에서 백천만의 삼마지를 갖추었느니라. 선남자야! 관자재보살마하살은 보살의 위에 있으면서 공덕이 이와 같으며, 내지 모든 부처님들도 이와 같은 공덕을 찬탄하시었느니라.

'일찍이 없었던 일이라.

선남자야! 내가 옛날에 보살이었을 때에 오백의 상인과 더불어 사자국 중으로 가고자 하였다. 장차 모든 수레를 끌며 낙타와 소 등에 타고 이에 재보를 구하려고 곧 출발하여 그 길로 갔다. 마을과 도성과 취락처를 지나서 차츰 바닷가에 이르러 큰 배를 타려고 하여 함께 배 안으로 올라서 내가 뱃사공에게 당부하며 물어 말씀하였느니라.'

"너는 마땅히 그 바람이 부는 방향을 보아야 한다. 어디서부터 일어나서 어느 국토로 가는가를, 보주로 가는지? 사바국이나 나찰

於是, 舶主瞻其風信, 作如是言:

「而今此風宜, 往師子國去。」

是時, 承風駕放往師子國。於彼國中, 有五百羅刹女, 忽然變發劇暴大風, 鼓浪漂激其舶破壞。時諸商人颺墮水中, 漂瀁其身, 浮及海濱, 至於岸上。彼五百羅刹女見諸商人, 各各搖動其身出於惡聲, 現童女相來商人所, 各以衣服與諸商人, 於是著彼衣服, 捩自濕衣曝之, 令乾而離彼處, 卽往瞻波迦樹下憩歇, 歇已互相謂言:

「我今云何? 作何方便? 無復方計。」

說已默然。是時, 彼羅刹女, 又來於商人前, 作如是言:

「我無夫主, 可與於我而爲夫耶? 於此我有飲食、衣服、庫藏、園林、浴池。」

時, 彼羅刹女, 各各將一商人, 歸自所居。

국으로 가는지를?"

이에 뱃사공이 그 바람의 가리킴을 보고 이와 같이 말하였다.

"곧 지금 이 바람은 마땅히 사자국으로 가는 것입니다."

이때 바람결을 따라서 사자국으로 가게 되었다. 저 나라 안에는 오백의 나찰녀가 있어 홀연히 변하여 심한 큰바람을 일으켜 물결이 그 배를 휩쓸어 파선하여 표류하게 되었다. 때에 모든 상인은 물속으로 떨어졌다. 그 몸이 물에 표류하여 떠내려가서 바닷가 언덕 위에 닿게 되었다. 저 오백의 나찰녀들이 모든 상인들을 보고, 각각 그 몸을 흔들며 괴상한 소리를 내면서 동녀의 모습으로 나타나서 상인에게로 와서 각각 의복 등으로 모든 상인들에게 베풀었느니라. 이에 상인들은 저들의 옷을 입고 자기의 젖은 옷을 짜서 하여금 햇빛에 말리면서 그리하여 저곳을 떠나서 곧 첨파가수 아래로 가서 쉬었다. 쉬면서 서로 말하였다.

"우리가 이제 어떻게 할까? 무슨 방편을 쓸 것인가?, 다시 방책 쓸 것이 없구나!"

이렇게 말하고 묵연히 있었다. 이때 저 나찰녀가 또한 상인의 앞에 와서 이와 같이 말을 하였다.

"우리들에게는 남편이 없습니다. 가히 우리들과 더불어 그리하여 남편이 되어 주십시오. 이에 있어 우리에게는 음식과 의복이 창고에 있으며, 원림 욕지 등도 있습니다."

때에 저 나찰녀들은 각각 상인 한명을 데리고 자기들이 있는 곳

於是, 羅刹女中, 而有一女爲大主宰, 名囉底迦嚩, 彼女與我相將歸彼所居。彼女而以上味飮食, 供給於我豐足飽滿。我當快樂, 無異人間。於彼止宿, 經停二、三、七日。忽然見彼囉底迦嚩欣然而笑, 我時心生疑, 怏未曾見聞。

彼羅刹女作如是笑時, 我問言:

「汝今何故作是笑耶?」

羅刹女言:

「此師子國, 羅刹女所住之地, 恐傷汝命。」

於是我問

「汝何故知耶?」

羅刹女言:

「勿履南路而去。何以故? 彼有鐵城, 上下周圍而無門户, 其中而有無數商人, 其中多已被彼食噉, 唯餘骸骨。彼今見有活者死者, 恐不相信, 但依此路而去到彼, 自當信我。」

으로 돌아갔다. 이 나찰녀들 가운데 한 여인이 있었다. 대주제가 되어 이름을 나저가람이라 하였다. 저 여인이 나와 더불어 서로 장차 저의 거처로 돌아갔다. 그 여인은 그리하여 맛 좋은 음식으로써 나에게 공급하여 풍족하게 배불리 먹었다. 나는 즐거움이 인간과 다를 바가 없었다. 저곳에 머무르기 이틀 삼일 칠일이 지나서 홀연히 저 나저가람이 흔연히 웃는 것을 보았다. 나는 때에 마음으로 괴이하게 의심이 생겼다. 그것은 일찍이 저 나찰녀가 이와 같이 웃는 것을 못 보았기 때문이다. 이것은 저 나찰녀가 이와 같은 웃음을 지을 때 내가 물어 말을 하였다.

"너는 지금 무슨 까닭으로 이런 웃음을 짓는가?"

나찰녀가 대답하여 말하였다.

"이 사자국은 나찰녀가 살고 있는 땅이다. 아마 당신의 목숨을 상하게 할 것이다."

이에 내가 물었다.

"너는 무슨 까닭으로 아는가?"

나찰녀가 대답하였다.

"남쪽 길로는 가지 마시오. 왜냐하면, 저곳에 철성이 있어 위아래와 주위에 문이 없습니다. 그 속에 무수한 상인들이 있습니다. 그 가운데 대부분은 이미 그들에게 잡아 먹혀 오직 해골만이 남았을 것입니다. 저들은 지금까지 살아 있는 자도 있고 죽은 자가 있지만 아마 서로 믿지 않을 것입니다. 다만 이 길을 따라서 저곳에

是時, 我伺彼女惛沉睡眠, 於是菩薩向夜分時, 持月光劒, 往於南路, 而行到彼, 鐵城周匝, 而看一無門户, 亦無窻牖。彼鐵城邊有一瞻波迦樹, 攀昇樹上, 我時高聲喚問。

時, 鐵城內商人, 告於我言:

「賢大商主而還知不? 我等被羅刹女致在鐵城, 而於日日食噉百人。」

彼等具說昔時事已。於是我下瞻波迦樹, 却依南路急速還彼羅刹女處。是時, 彼女而問我言:

「賢大商主, 所說鐵城還當見不?」今應實說。

我言:

「已見。」

於是, 又問彼女:

「以何方便, 令我得出於此?」

彼羅刹女而告我言:

가보면 스스로 마땅히 나를 믿을 것입니다."

이때 나는 저 여인이 혼침하여 잠든 것을 보았다. 이에 보살이 밤이 되자 월광검을 들고 남쪽 길로 가서 그리하여 저 철성에 이르러서 주위를 둘러보았다. 하나의 문도 없고 또한 창도 없었다. 저철성의 곁에 한그루의 첨파가화수가 있기에 나무 위로 올라가서 내가 때에 큰 소리로 불러 물었다. 때에 철성 안에 상인들이 나에게 고하여 말하였다.

"어지신 대 상주시여! 아십니까? 모르십니까? 우리들은 나찰녀에게 끌려와 철성에 있습니다. 그리고 날마다 백 사람씩을 잡아먹힙니다."

저들은 지난 일을 자세히 말하는 것이었다. 이에 나는 첨파가화수를 내려와, 남쪽 길을 따라서 돌아와 급히 저 나찰녀가 있는 곳으로 돌아왔다. 이때 저 여인은 나에게 물어 말하였다.

"어지신 대 상주시여! 말씀드린바 철성은 보았습니까? 못 보았습니까? 이제 응당히 사실대로 말해 보십시오."

내가 말하였다.

"이미 보았노라."

이에 또한 그녀에게 물었다.

"어떤 방편으로써 나로 하여금 이곳에서 벗어나게 할 수 있겠는가?"

저 나찰녀가 나에게 고하여 말하였다.

「而今有大方便, 可令於汝安隱善出此師子國, 却還於
彼南贍部洲。」

我見是說復問彼女：

「令我於何道路出此國耶?」

時, 囉底迦嚂告於我言：

「有聖馬王而能救度一切有情。」

我當尋時, 徃彼聖馬王所, 食白藥草。食已於金砂地,
驟已而起, 振擺身毛, 作如是已而作是言：

「何人而欲達於彼岸?」

三復告言：

「若欲去者, 當自言說。」

於是, 我告聖馬王言：

「我於今者欲往彼去。」

如是說已, 而復到彼羅剎女處, 同共止宿。彼羅剎女睡
眠覺已, 心生追悔而問我言：

「商主汝身何故冷耶?」

於是, 我知彼意, 不令我去。遂以方便告於彼女：

"곧 이제 대 방편이 있습니다. 가히 그대로 하여금 안온하게 이 사자국을 벗어나서 저 남섬부주로 돌아가게 할 수 있습니다."

나는 이 말을 듣고 다시 그녀에게 물었다.

"나로 하여금 어떤 길로 이 나라를 나가도록 하겠는가?"

때에 나저가람이 나에게 고하여 말하였다.

"성 마왕이 있습니다. 능히 일체 유정들을 구제하여 해탈케 할 수 있을 것입니다."

그리하여 나는 자세하게 묻고 저 성마왕을 찾아갔다. 흰 약초를 먹고 있었다. 다 먹고 나서 금모래 땅에서 뒹굴다가 일어나 몸의 털을 흔들어 털고 나서 이와 같은 말을 하였다.

"어떤 사람이 저 피안에 도달하고자 하는가."

이렇게 세 번을 반복하여 고하여 말하였다.

"만일 가고자 하는 자는 마땅히 스스로 말할지니라."

이에 있어 나는 성 마왕에게 고하여 말하였다.

"제가 이제 그곳으로 가려고 합니다."

이와 같이 말하고 나서 다시 저 나찰녀의 처소에 이르러 함께 머물렀다. 저 나찰녀는 잠에서 깨어났다. 마음에 후회하는 생각을 일으켜 나에게 물어 말하였다.

"상주여! 당신의 몸이 왜 이렇게 차갑습니까?"

이에 있어 나는 저의 마음에서 하여금 나를 가게하고 싶지 않음을 알고, 드디어 방편으로써 그녀에게 말하였다.

「我於向者, 暫出城外, 便利而廻, 故我身冷。」

彼女告於我言 :

「應却睡眠。」

至於日出, 我時方起, 遂乃喚諸商人告言 :

「而今宜應出於此城。」

時, 諸商人皆出城已, 俱在一處而歇, 共相謂言 :

「今此衆中, 何人之妻最相戀慕? 有何所見? 其事云
何?」

時, 衆人中有言 :

「彼以上味飲食, 供給於我。」

或有說言 :

「彼以種種衣服與我。」

或有說言 :

「彼以天冠珥璫衣服與我。」

或有說言 :

「我無所得唯不稱心。」

或有說言 :

"나는 좀 전에 잠시, 성 밖에 나가서 소피를 보고 돌아왔기 때문에 나의 몸이 찬 것이다."

그녀가 나에게 고하여 말하였다.

"마땅히 다시 자겠습니다."

나찰녀는 잠이 들었다. 해가 뜨자 나는 곧 일어나, 드디어 이에 여러 상인들을 불러 고하여 말하였다.

"이제 마땅히 곧 이성을 나갈 것이니라."

때에 모든 상인들도 모두 성을 나와, 한 곳에서 같이 쉬면서 서로 말하였다.

"이제 이 무리들 가운데에서 어떤 사람의 처가 모습이 가장 좋은 것으로 마음에 남을까? 어떤 본 것이 있으며, 그 일은 어떠한 것이었나?"

때에 대중 속에서 한사람이 말하였다.

"저가 좋은 맛있는 음식으로써 나에게 공급하여 주었노라."

또 어떤 사람은 말하였다.

"그는 여러 가지 의복을 나에게 주었노라."

또 어떤 사람은 말하였다.

"그는 천관 귀걸이 팔찌 의복을 나에게 주었노라."

또 어떤 사람은 말하였다.

"나는 얻은 것이 없어서 오직 마음으로 칭찬할 것이 없다."

또 어떤 자가 말하였다.

「彼以種種龍麝栴檀之香與我。」

時, 諸商人作是說已。我當告言:

「汝難解脫。何故貪愛此羅剎女耶?」

眾商人聞, 心懷怖畏而問言:

「大商主實如是耶?」

我乃告言:

「此師子國羅剎女所住, 非是人耳。此實是羅剎女, 作是誓言佛法僧等可知 此羅剎女也。」

時, 諸商主聞已, 告於我言:

「以何方便得免此難?」

於是, 我告彼言:

「此師子國有聖馬王, 能救一切有情。」

彼食大白藥草, 於金砂𪘓而起, 振擺身已, 三復言云:

「誰人欲往彼岸?」

我已告彼馬王言:

「我今欲往彼岸。」

"저는 여러 가지 용향 사향 전단 향을 나에게 주었노라."

때에 모든 상인들이 이런 말을 하고 난 다음에 내가 마땅히 고하여 말하였다.

"너희들은 해탈하기 어렵겠구나. 어찌하여 이 나찰녀들을 탐하고 사랑하는 것인가?"

뭇 상인들이 이를 듣고 마음에 두려움을 품고, 그리하여 물어 말하였다.

"대 상주시여! 진실로 그러합니까?"

나는 이에 고하여 말하였다.

"이 사자국은 나찰녀가 살고 있는 곳이다. 이는 사람이 아닐 뿐 아니라. 진실로 이 나찰녀들은 사람을 잡아먹는다. 맹세하면서 말하건데, 이러한 일은 불법승들도 다 알고 있다."

때에 모든 상인들이 듣고 나서 나에게 고하여 말하였다.

"무슨 방편으로써 이 어려움을 면할 수 있겠습니까?"

이에 있어 나는 저들에게 고하여 말하였다.

"이 사자국에 성 마왕이 있어 능히 일체 유정을 구제하신다. 성 마왕은 크고 흰 약초를 먹고서 저 금모래 위에 굴렸다가 그리하여 일어나 몸을 털고 나서, 세 번 반복하고 말하였다.

'누가 저 언덕으로 가고자 하는가?'하였을 때, 내가 이미 저 마왕에게

'내가 이제 저 언덕으로 가고자 합니다.'라고 약속하였다."

時, 諸商人復告我言:

「何日去耶?」

我告衆言:

「却後三日決定而去。衆人宜應備辦資糧。」

作是語已, 衆還入城, 各各往本羅刹女舍。其女見來相

問訊言:

「今疲勞耶?」

我當問彼羅刹女,

「我未曾見汝悅意園林浴池, 爲實有耶?」

時, 彼羅刹女告我言:

「大商主此師子國, 有種種適意園林浴池。」

告彼女言:

「與我如法辦具資糧。我候三日, 欲往遊觀種種園林

池沼, 看彼名花, 我當將種種華而來歸家。」

時, 羅刹女告我言:

그때 모든 상인들이 다시 나에게 고하여 말하였다.

"어느 날 떠나겠습니까?"

내가 대중에게 고하여 말하였다.

"사흘 후에 반드시 떠날 것이다. 대중들은 마땅히 먹을 것을 준비하여라."

이렇게 말을 마치자 대중들은 성안으로 들어가서, 각각 본래의 나찰녀의 집으로 갔다. 그 나찰녀들은 오는 것을 보고 서로 물어 말하였다.

"당신은 이제 피로하십니까?"

나는 그 나찰녀에게 물었다.

"나는 아직 일찍이 네가 기뻐하는 모습을 보지 못하였다. 원림과 목욕할 연못이 진실로 있는가?"

때에 저 나찰녀가 나에게 고하여 말하였다.

"대 상주여! 이 사자국에는 여러 가지 뜻에 맞는 동산과 목욕할 연못이 있습니다."

나찰녀에게 고하여 말하였다.

"나에게 여법하게 먹을 양식을 준비하여 갖추어주시오. 내가 사흘 동안 가서 여러 가지 원림과 연못에 가서 놀고자 한다. 저 이름난 꽃을 보게 되면, 내가 마땅히 여러 가지 꽃을 가지고 집으로 돌아올 것이다."

때에 나찰녀는 나에게 고하여 말하였다.

「大商主, 我爲辦具資糧。」

是時, 恐彼羅刹女知我方計, 必當殺我。如是思惟, 默
然而住。彼羅刹女以好飮食, 與我令喫。食已吁歎, 彼
女問言 :

「大商主, 何故如是而吁歎耶?」

是時, 我告彼女 :

「我本南贍部洲人, 思自本地。」

彼女告我言 :

「大商主, 勿思本地。此師子國有種種飮食, 衣服, 庫
藏, 種種適意園林浴池, 受種種快樂。云何思彼南贍部
洲?」

我時默然而住。過是日已, 至第二日, 彼女與我辦具飮
食資糧。彼諸商人悉皆辦具資糧。候第三日, 日初出
時, 皆出彼域, 出已共相議言 :

「我等今者當宜速去。不應迴顧師子國矣。」

作是語已, 我與彼衆, 卽時速疾而往於聖馬王所。

"대 상주여! 내가 당신을 위하여 양식을 준비하겠습니다."

나는 이때 아마도 저 나찰녀가 나의 방편 계략을 알면 반드시 나를 죽일 것이라 이와 같이 생각하면서 묵연히 머물러 있었다. 저 나찰녀는 좋은 음식으로써 나로 하여금 먹게 하였다. 다 먹고 나서 한숨을 쉬었다. 그녀가 물어 말하였다.

"대 상주여! 어찌하여 이와 같은 탄식을 하십니까?"

이때 나는 그녀에게 고하여 말하였다.

"나는 본래 남섬부주의 사람이다. 나의 본고장이 생각나서 그러하다."

그녀가 나에게 고하여 말하였다.

"대 상주여! 본고장을 생각하지 마십시오. 이 사자국에는 여러 가지 음식과 의복이 창고에 있으며, 여러 가지 마음에 드는 원림욕지가 있어 여러 가지 쾌락을 누릴 수 있는데, 어찌하여 저 남섬부주를 생각하십니까?"

나는 그때 묵연히 머물러 있었다. 하루가 지나가고 이틀째 되는 날, 그녀는 나에게 음식과 자량을 준비하여 갖추어주었다. 저 모든 상인들도 모두 다 양식을 갖추었다. 사흘째 되는 날 해가 처음 뜰 때를 기다려 모두 그곳을 나와 서로 같이 상의하여 말하였다.

"우리들은 이제 마땅히 빨리 떠나야 한다. 마땅히 사자국을 뒤돌아보지 말아야 한다."

이러한 말을 마치고 나는 저들과 더불어 즉시 성마왕의 곳으로

到已, 見彼馬王喫草, 躁已振擺身毛。是時, 師子國, 地
皆震動。馬王三復言云：

「今者何人欲往彼岸?」

時, 諸商人作如是言：

「我等今者欲往彼岸。」

時, 聖馬王奮迅其身, 而作是言：

「汝等宜應前進, 勿應返顧師子國也。」

彼聖馬王如是說已, 是時我乃先乘馬王, 然後五百商人
俱昇馬上。時, 彼師子國中諸羅刹女, 忽聞諸商人去。
口出苦切之聲, 卽駛奔馳趁逐, 悲啼號哭, 叫呼隨後。
時,諸商人聞是聲已, 廻首顧眄, 不覺閃墜, 其身入於水
中。於是諸羅刹女取彼身肉, 而噉食之。是時, 唯我一
人往於南贍部洲。彼聖馬王屆海岸所。我當下已, 而
乃旋遶彼聖馬王, 三匝畢已, 卽離彼處, 尋路而行, 往於
本地, 歸自所居, 到其家已。

갔다. 그곳에 이르러 저 마왕을 보았다. 풀을 먹고 땅에 뒹굴고 몸의 털을 털 때, 이때 사자국의 땅이 모두 진동하였다. 마왕이 세 번 반복하여 말하였다.

"지금 어떤 사람들이 저 언덕으로 가고자 하는가?"

때에 모든 상인들이 이와 같이 말하였다.

"우리들이 이제 피안으로 가고자 합니다."

때에 성 마왕이, 그 몸을 분신시현 하면서 그리하여 이렇게 말하였다.

"너희들은 마땅히 앞으로 나아가라. 그리하여 마땅히 사자국을 돌아보지 말라"

저 성 마왕이 이와 같이 말하였다. 이때 내가 이에 먼저 성마왕에게 올라타고 난 연후에 오백의 상인들도 모두 말 위에 올라탔다. 이때 저 사자국 안의 모든 나찰녀들이 갑자기 여러 상인들이 떠난다는 소리를 듣고, 아우성을 치면서 곧 쫓아와 슬피 통곡하여 울면서 그 뒤를 따랐다. 때에 모든 상인들은 이 소리를 듣고 머리를 돌이켜보자 순식간에 말에서 떨어져서 그 몸이 물속에 빠졌다. 이에 모든 나찰녀들은 저들의 몸을 취하여 살을 뜯어 먹었다. 이때 오직 나 한 사람만 홀로 남섬부주로 돌아왔다. 저 성 마왕의 인도로 바닷가에 다 달았다. 나는 말에서 내려 그리하여 이에 성마왕의 주위를 세 번 돌아 마치고 나서 곧 그곳을 떠나 길을 찾아 내가 본래 살던 곳인 집으로 돌아올 수 있었다. 집에 도착하였다.

是時, 父母見我來歸, 抱捉其子, 欣喜復悲, 涕泣流淚。

父母先爲我故, 涕泣恒時, 其眼昏瞖, 因玆除愈, 明淨如故。 是時, 父母與子共在一處。 我乃具述前所經歷艱苦之事。 父母聞已, 告於我言:

「汝於今日得全其命, 安隱而歸, 甚適我懷, 無復憂慮。 我不須汝所盈財寶,

今緣自知年耄衰朽, 須汝佐輔, 出入扶侍。 我當死至, 汝爲主者, 送葬我身。」

昔時父母而作如是善言, 慰諭於我。 除蓋障我於是時, 身爲商主, 受如是危難苦惱之事。』

佛告除蓋障菩薩:

『時, 聖馬王者, 卽觀自在菩薩摩訶薩是。 於是危難死怖畏中, 救濟於我。 除蓋障, 我今不能廣說是觀自在菩薩摩訶薩功德數量, 我今爲汝略說, 是觀自在身毛孔中所有功德。

이때 부모님은 내가 온 것을 보시고 나를 껴안고 기뻐하다가 다시 슬퍼하면서 눈물을 흘렸다. 부모님은 먼저 나를 생각하고 너무 오래 울어 눈이 멀었다. 내가 의사를 불러 이로 인하여 먼눈을 고쳐 다시 눈이 밝아졌다. 이때 부모님과 더불어 아들이 함께 한 곳에서 살게 되었다. 나는 전날에 겪었던 바의 고생스러웠던 일들을 자세히 이야기하였다. 부모님이 듣고 나서 나에게 고하여 말씀하시었다.

"너는 이제 그 목숨을 온전히 하여 안온하게 돌아오게 되었다. 심히 나는 마음이 흡족하며, 다시 근심 걱정이 없다. 나는 네가 채울 바 재보를 바라지 않는다. 이제 나는 나이 늙어 몸이 쇠퇴하였음을 알고 있다. 모름지기 네가 곁에서 거들고 돌보아 주기를 바란다. 나는 이제 마땅히 죽을 날이 올 것이다. 네가 주장이 되어서 나의 몸을 장송하여 달라."

지난날에 부모님은 이와 같이 말씀하시면서 나를 위로하시었다, 제개장보살이여! 나는 이때 몸이 장사꾼으로써 이와 같은 위험한 곤란과 괴로운 일을 당하였느니라."

부처님이 제개장보살에게 고하여 말씀하시었다.

"때에 성마왕은 곧 관자재보살마하살이었다. 이러한 위급한 곤란을 당하여 죽음의 두려움 속에서 나를 구제하였느니라. 제개장보살아! 나는 이제 이 관자재보살마하살의 공덕의 수량을 모두 설할 수는 없다. 그러나 나는 이제 너를 위하여 이 관자재보살의

除蓋障, 觀自在菩薩身有金毛孔。而於其中有無數百千万俱胝那庾多彥達嚩彼等, 無輪廻苦, 而常受於最勝快樂, 天物受用無有窮盡, 無有惡心, 無憎嫉心, 無貪瞋癡, 常行八聖道, 恒受法樂。除蓋障, 於是金毛孔中復有放光如意寶珠, 隨彼彥達嚩眾思念所須, 隨意滿足, 於是金毛孔中有斯出現。復有黑毛孔, 而於其中, 有無數百千万俱胝那庾多具通神仙之人。

其中有具一神通者, 或有具二, 三, 四, 五神通之者, 亦有具足六神通者。於是毛孔之中, 復現銀地, 黃金爲山, 白銀爲峯, 三十七愛染蓮華寶莊嚴其山, 於其山中, 而有八万四千神仙之眾。如是仙眾出現劫樹, 深紅爲身, 黃金白銀以爲枝葉, 放寶光明。又於一一毛孔現四寶池, 八功德水充滿其中, 而有妙華盈滿池中, 於池岸側有天妙香樹、栴檀香樹。

몸의 털구멍 속에 있는바 공덕을 간단하게 설하겠노라. 제개장보살이여! 관자재보살의 몸에는 금빛 털구멍 있다. 그리고 그 속에 무수한 백천만구지 나유타의 언달바가 있다. 저들은 윤회의 괴로움이 없다. 그리하여 항상 최승의 쾌락을 받고 있느니라. 하늘의 물건을 받아쓰되 가가 없다. 악한 마음이 없어서 미워하고 시기하는 마음이 없으며 탐진치가 없다. 항상 팔정도를 행하며 항상 법락을 받는다. 제개장보살이여! 이 금빛 털구멍 속에 다시 또한 뜻과 같이 빛을 발하는 보주가 있다. 저 언달바들이 생각하여 바라는 바에 따라서 그 뜻에 만족하게 이루어지는 것이 이 금빛 털구멍 속에서 나타난다. 다시 또 검은 털구멍이 있다. 그 속에 무수한 백천만구지나유타의 신통력을 갖춘 신선이 있다. 그 가운데는 한 가지 신통을 갖춘 자도 있고, 혹은 둘이나 셋 넷 다섯의 신통을 갖춘 자도 있으며, 또한 여섯 가지 신통을 갖춘 자도 있다. 이러한 털구멍 가운데 다시 또한 은(銀)빛의 땅이 나타나며, 황금으로 산이 되고, 백은으로 봉우리가 되었으며, 삼십칠의 애염연화보는 그 산을 장엄하였으며, 그 산속에 8만4천의 신선들이 있다. 이와 같은 신선들은 겁수를 출현하신다. 진분홍빛의 몸이 되어 황금과 백은으로써 가지와 잎이 되어 보배의 광체를 발하고 있다. 또한 하나 하나의 털구멍에서 네 가지 보배의 연못을 나타낸다. 팔공덕수가 그 안에 충만하며, 그리하여 묘한 꽃이 연못 속에 가득하다. 연못의 기슭에는 하늘의 묘향수 전단향수가 있다.

又有莊嚴劫樹上, 懸莊嚴天冠、珥璫。復有殊妙瓔珞
而嚴飾之。又於其上懸衆寶鈴, 又挂妙衣憍尸迦服, 於
斯一一劫樹之下, 各有一百彦達嚩王, 而於恒時奏諸音
樂。復有群鹿, 羽族, 靈禽, 聞斯樂音, 悉皆思惟

「諸有情類多受輪廻之苦, 何故南贍部洲人, 見受生老
病死、愛別離等如是諸苦?」

此諸禽鳥鹿等, 於是思惟

「此 『大乘莊嚴寶王經』 如是之名?.」

於是, 而有天妙上味飮食, 天諸妙香, 天妙衣服等物, 隨
彼所思如意滿足。』

是時, 除蓋障菩薩白世尊言?

「我今聞是甚爲希有世尊。」

佛告 :

「善男子, 於意云何? 」

除蓋障菩薩白世尊言 :

또한 장엄한 겁수가 있어 위에 천관과 귀걸이로 장엄하게 장식되어 있다. 다시 또한 뛰어나게 묘한 영락이 있어 그리하여 이를 장엄하게 장식하였다. 또한 그 위에 뭇 보배의 방울을 달고, 또한 미묘한 옷 교시가복이 걸쳐져 있다. 이러한 하나하나의 겁수 아래 각각 일백의 언달바왕이 있다. 그리하여 항상 모든 음악을 연주한다. 다시 또한 뭇 사슴과 날개를 가진 족속의 신령스러운 새가 있어, 이 음악 소리를 듣고 모두 다 생각하였다.

'모든 유정들이 거의 윤회의 괴로움을 받는데, 무슨 까닭으로 남섬부주의 사람을 보니, 생노병사와 사랑하는 이와 헤어지는 것 등의 이와 같은 모든 괴로움을 받지 아니하는가?'

이 모든 짐승과 새들과 사슴들은 저에 이러한 생각을 하였을 것이다.

'이『대승장엄보왕경』의 이와 같은 이름인가?.'

이에 곧 하늘의 미묘하고 뛰어난 맛 좋은 음식과 하늘의 여러 가지 묘한 향기와 하늘의 묘한 의복 등이 있어 저가 생각하는 바를 따라서 뜻과 같이 만족하게 되는구나!"

이때 제개장보살이 부처님께 아뢰어 말씀하였다.

"제가 이제 이 심히 희유한 것을 들었나이다. 부처님이시여!"

부처님께서 말씀하시었다.

"선남자야! 너의 뜻이 어떠하냐?"

제개장보살이 부처님께 아뢰어 말씀하였다.

「如是有情, 心唯思念此經名號, 尙獲如是利益安樂, 若復有人得聞此經, 而能書寫、受持讀誦、供養恭敬, 如是之人, 常得安樂。或復有人於此經中書寫一字, 斯人當來不受輪廻之苦, 而永不於屠兒、魁膾下賤之類如是家生。所生之身而永不受背傴, 攣躄, 醜脣, 缺漏, 疥癩等病, 不可喜相, 獲得身相圓滿, 諸根具足, 有大力勢, 何況具足受持, 讀誦, 書寫, 供養恭敬之人, 所獲功德?」

爾時, 世尊讚言:

「善哉善哉! 除蓋障, 汝今善說如是之法。今此會中無數百千万天龍, 藥叉, 彦達嚩, 阿蘇囉, 蘖嚕拏, 緊那囉, 摩護囉誐, 人及非人, 鄔波索迦, 鄔波斯計, 如是等衆, 皆悉聞汝說如是法。得聞斯之廣博法門, 由汝所問。」

"이와 같이 유정들의 마음으로 오직 이 경의 이름만을 생각하여도 오히려 이와 같은 이익과 안락을 얻게 되는데, 만일 다시 어떤 사람이 있어 이 경을 듣고 그리하여 능히 글을 써서 수지 독송하고 공양공경 한다면 이와 같은 사람은 항상 안락함을 얻을 것입니다. 또 다시 어떤 사람이 있어 이 경 가운데 한 글자라도 서사하면 이 사람은 오는 세상에 윤회의 괴로움을 받지 아니할 뿐 아니라, 그리하여 영원히 죽임을 당하거나 살을 먹이는 하천한 부류로써 이와 같은 집에 태어나지 아니할 것입니다. 태어나는 바의 몸은 그리하여 영원히 등뼈가 굽은 곱사나 절름발이나 언챙이나 성적불구자나 피부병 등의 보기 흉한 모습을 받지 아니할 것이며, 몸의 상이 원만함을 얻을 것이며, 모든 감각 기관이 구족하고 큰 힘이 있게 됨을 얻을 것이라 하셨는데, 어찌 하물며 수지하고, 독송하며, 글씨 쓰며, 공양 공경하는 사람이 얻는바 공덕이 구족하지 아니 하겠습니까?"

이때 부처님이 찬탄하여 말씀하시었다.

"착하고도 착하도다. 제개장보살이여! 너는 이제 이와 같은 법을 잘 설하였다. 이제 이모임 중에서 무수한 백천만의 천, 용, 야차, 언달바, 아수라, 가루라, 긴나라, 마후라가, 인간, 및 비인 우바색가, 우바사계 이와 같은 것들의 무리가 모두 네가 설한바 이와 같은 법을 들었다. 이 넓은 법문을 들을 수 있음은 네가 묻는 바에 연유한 것이니라."

時, 除蓋障菩薩白世尊言 :

「世尊, 於今說斯妙法, 天人衆等, 生信堅固。」

是時, 世尊讚言 :

「善哉善哉! 善男子, 汝能如是重復問, 是觀自在身毛
孔中, 所現功德, 除蓋障, 彼復有寶莊嚴毛孔, 是中有無
數百千万俱胝那庾多彦達嚩女, 面貌端嚴, 形體姝妙,
種種莊嚴, 如是色相, 狀如天女。彼衆貪瞋癡苦, 皆不
能侵, 於彼身分, 而亦不受人間少分苦惱之事。彼彦達
嚩女 而於三時, 念是觀自在菩薩摩訶薩名號。而於是
時, 彼等獲得 一切所須之物。」

是時, 除蓋障菩薩白佛言 :

「世尊, 我欲入彼毛孔之中, 看其所有。」

佛告 :

「善男子, 彼之毛孔無有邊際, 如虛空界, 亦無障碍。
善男子, 如是毛孔無障無碍, 亦無觸惱。

때에 제개장보살이 부처님께 아뢰어 말씀하였다.

"부처님이시여! 지금 이 묘한 법을 선설하시니, 천인의 무리들이 믿음이 견고하여졌습니다."

이때 부처님께서 칭찬하여 말씀하시었다.

"착하고도 착하도다. 선남자야! 너는 능히 이와 같이 거듭하여 다시 이 관자재보살의 몸의 털구멍 속에 나타나는 바의 공덕을 물었다. 제개장보살이여! 또한 저 보배로 장엄된 털구멍이 있다. 이 가운데 무수한 백천만구지나유타의 언달바녀가 있다. 면모가 단엄하고 형체가 남달리 미묘하고 여러 가지로 장엄하였다. 이와 같은 모습과 형상은 마치 천녀와 같았다. 저들은 욕심내고 성내고 어리석은 괴로움은 모두 능히 저들의 신분을 침범하지 못한다. 그리하여 또한 인간의 작은 분량의 괴로움도 받지 않느니라. 저 언달바녀는 또한 삼시에 있어서 이 관자재보살마하살의 이름을 생각하느니라. 그리하여 이때 저들은 일체 필요한 물건을 얻게 되었느니라."

이때에 제개장보살이 부처님께 아뢰어 말씀하였다.

"부처님이시여! 제가 저 털구멍 속으로 들어가서 그곳에 있는 것을 보고자 합니다."

부처님이 고하여 말씀하시었다.

"선남자야! 저 털구멍은 가가 없어서 마치 허공계와 같이 또한 걸림이 없음이라. 선남자야! 이와 같이 털구멍은 막힘도 없고 걸

彼毛孔中, 普賢菩薩摩訶薩入於其中, 行十二年不得
邊際。見諸毛孔一一之中, 各有佛部, 於彼而住, 是故
普賢不能見其邊際近遠, 餘諸菩薩云何而得見彼邊際
耶?」

時, 除蓋障菩薩白佛言:

「世尊, 普賢菩薩摩訶薩於彼毛孔, 行十二年, 不能見
其邊際, 而諸毛孔各有百佛 在於其中, 普賢菩薩摩訶
薩, 尚不能得見於邊際, 我今云何而得入於是中耶?」

佛告:

「善男子, 我亦不見如是微妙寂靜, 彼無相故。而現大
身, 具十一 面, 而百千眼, 圓滿廣大得相應地, 湛然寂
靜, 大智無得, 無有輪廻, 不見救度, 亦無種族。

림이 없으며 또한 접촉하는 괴로움도 없느니라. 저 털구멍 가운데 보현보살마하살[1]이 있어 그 가운데 들어가서 가기를 12년을 갈지라도 끝에 닿지를 못하였느니라. 여러 털구멍의 하나하나의 털구멍 속을 보면, 각각 부처님이 저곳에 머무르시느니라. 이런고로 보현보살도 능히 그 변제의 가깝고 먼 것을 볼 수 없거늘, 하물며 나머지 모든 보살들이 어떻게 그 변제를 볼 수 있겠는가?"

때에 제개장보살이 부처님께 아뢰어 말씀하였다.

"부처님이시여! 보현보살마하살은 저 모공에서 12년을 가서도 능히 그 끝을 볼 수 없었습니다. 그리하여 여러 털구멍은 각각 백 분의 부처님이 그 속에 계시는데, 보현보살마하살도 아직까지 능히 그 끝을 보지 못하였다 하니, 제가 이제 어떻게 그 속에 들어갈 수 있겠습니까?"

부처님이 말씀하시었다.

"선남자야! 나도 또한 이와 같은 미묘하고 적정함을 보지 못한다. 그는 모습이 없기 때문이니라. 그러나 큰 몸을 나타내어 십일면을 갖추고, 그리하여 백천의 눈이 원만하고 광대하며, 상응지를 얻어서 담연하고 적정하며 크나큰 지혜는 얻었으나 얻은 것이 없으며, 윤회도 없고, 구제하여 제도함도 보지 못하며, 또한 종족이

---

1) 문수보살과 함께 석가모니불의 협시보살이다. 智德과 體德을 갖춘보살이며, 연명보살이라고도 한다. 6개의 어금니를 가진 흰코끼리를 타고 있는 모습으로 표현한다.

無有智慧, 亦無有說, 如是諸法如影響故。善男子, 觀
自在菩薩無見, 無聞, 彼無自性, 乃至如來亦所不見。
於意云何? 善男子, 普賢等諸菩薩皆具不可思議, 不能
了知彼觀自在之所變化。善男子, 觀自在菩薩摩訶薩
變現, 種種救度無數百千万俱胝那庾多有情, 令得往生
極樂世界, 見無量壽如來, 得聞法要, 皆令當得成菩提
道。」

時, 除蓋障菩薩白世尊言:

「不知以何方便, 令我得見是觀自在菩薩摩訶薩?」

佛告:

「善男子, 彼菩薩必當來此索訶世界, 而來見我, 禮拜
供養。」

時, 除蓋障菩薩白佛言:

「世尊, 可知是觀自在菩薩摩訶薩而來於此, 爲於何
時?」

佛告:

없음이라. 지혜가 있을 수 없고, 또한 설할 것도 없느니라. 이와 같이 제법은 마치 그림자나 메아리와 같기 때문이다. 선남자야! 관자재보살은 보는 것도 없고 들음도 없느니라. 저는 자성이 없으며, 내지 여래도 또한 보는 바가 없다. 너는 뜻에 어떠한가? 선남자야! 보현보살 등의 모든 보살들은 모두 불가사의함을 갖추었으되 모두 저 관자재의 변화된 바를 능히 요달하여 알지 못하느니라. 선남자야! 관자재보살마하살은 여러 가지로 변현하여 무량백천만구지나유타의 유정들을 구제하고 건지시어 하여금 극락세계에 왕생함을 얻혜 하고 무량수여래를 친근하게 하여 요긴한 법을 들을 수 있게 하시며, 모두 하여금 마땅히 깨달음의 도를 성취할 수 있게 하느니라.”

때에 제개장보살이 부처님께 아뢰어 말씀하였다.

“알지 못하겠나이다. 어떤 방편으로써 하여금 이 관자재보살마하살을 뵈올 수 있겠습니까?”

부처님이 말씀하시었다.

“선남자야! 저 관자재보살은 반드시 오는 세상에 이 사바세계로 올 것이다. 그리하여 와서 나를 친근하고 예배공양 할 것이다.”

때에 제개장보살이 부처님께 아뢰어 말씀하였다.

“부처님이시여! 가히 알고 싶습니다. 이 관자재보살마하살이 이곳에 오시는 것이 어느 때입니까?”

이에 부처님이 말씀하시었다.

「善男子, 候此有情根熟之時, 彼觀自在菩薩摩訶薩先
來到此。」

時, 除蓋障菩薩摩訶薩以手揝摑, 作是思惟

「我今云何有是罪障? 壽命雖長, 而無所益, 不得見彼
觀自在菩薩恭敬禮拜, 猶如盲人在道而行。」

時, 除蓋障菩薩復白佛言:

「世尊, 彼觀自在菩薩摩訶薩, 爲實何時 而來於此
耶?」

爾時, 世尊微笑告言:

「善男子, 觀自在菩薩摩訶薩, 彼於無時而是來時。善
男子, 彼菩薩身而有毛孔, 名灑甘露。於是毛孔之中,
有無數百千万俱胝那庾多天人止住, 其中有證初地、
二地, 乃至有證十地菩薩摩訶薩位者。除蓋障, 彼灑甘
露毛孔之中, 而有六十金銀寶山, 其一一山高六万踰繕
那, 有九万九千峯, 以天妙金寶, 周徧莊嚴, 一生補處菩
薩於彼而住, 復有無數百千万俱胝那庾多彦達嚩衆, 於
彼毛孔, 而於恒時奏諸音樂。

"선남자야! 이 유정들의 근기가 성숙할 때를 기다려서 저 관자재보살마하살이 먼저 이곳에 이르게 되느니라."

때에 제개장보살마하살이 손으로서 턱을 받치고 이런 생각을 하였다.

'나는 이제 이런 죄업장이 있다. 목숨이 모름지기 길어도 오히려 이로운 것이 없다. 저 관자재보살을 친근하고 공경하여 예배할 수 없는 것이 마치 눈먼 장님이 길을 가는 것과 같구나.'

때에 제개장보살이 다시 부처님께 아뢰어 말씀하였다.

"부처님이시여! 저 관자재보살마하살은 진실로 어느 때 이곳에 오시나이까."

이때 부처님이 미소를 지으면서 고하여 말씀하시었다.

"선남자야! 관자재보살마하살은 저 일정한 때가 없는 것이 이 오는 때이니라. 선남자야! 저 보살의 몸에 털구멍이 있어 쇄감로(灑甘露)라고 이름한다. 이 털구멍 속에서 무수백천만구지나유타의 천인이 있다. 그 속에 머물러 살고 있으면서 초지, 이지를 증득한 자도 있고, 내지 십지 보살마하살의 위를 증득하는 자도 있다. 제개장보살이여! 저 쇄감로의 털구멍 가운데 육십의 금은보배의 산이 있다. 그 하나하나의 산의 높이는 육만 유선나요, 구만구천의 봉우리가 있다. 하늘의 미묘한 금보로 두루 장엄하였으며, 일생보처보살이 그곳에 머물고 있다. 다시 또한 무수백천만구지나유타의 언달바의 무리가 있어, 그 털구멍에서 항상 여러 음악을 연

除蓋障, 彼灑甘露毛孔之中, 又有無數百千万俱胝那庾多宮殿, 以天摩尼妙寶周徧莊嚴, 見者其意適然。復有種種眞珠瓔珞, 而校飾之, 於彼宮殿各有菩薩說微妙法, 出是宮殿, 各各經行於經行處, 而有七十七池, 八功德水, 盈滿其中有種種華, 所謂嗢鉢羅華, 鉢訥摩華, 矩母那華, 奔拏利迦華, 噪彦馱迦華, 曼那囉華, 摩賀曼那囉華, 充滿其中。彼經行地, 復有適意劫樹、以天金銀而爲其葉莊嚴, 於上懸諸天冠, 珥璫, 珍寶, 瓔珞, 種種莊嚴。彼諸菩薩而經行已, 於夜分時, 憶念種種大乘之法, 思惟寂滅之地, 思惟地獄, 鬼趣, 傍生。作如是思惟已, 而入慈心三摩地。除蓋障, 於彼毛孔, 如是菩薩出現其中。

주하고 있느니라.

제개장보살이여! 그 쇄감로의 털구멍 가운데 또한 무수백천만구지 나유타의 궁전이 있다. 하늘의 마니 미묘 보배로써 주위를 두루 장엄하였다. 보는 자로 하여금 그 마음에 맞게 되어 있다. 다시 또한 여러 가지의 진주 영락이 있다. 그리하여 이것으로 그것을 장식하였으며, 저 궁전에 각각 보살이 미묘한 법을 선설하고 계신다. 이 궁전에서 나와 각각 경행하되, 경행하는 곳에는 그리하여 77의 연못이 있고, 팔공덕수가 그 가운데 가득하며, 여러 가지 꽃이 있다. 이르는바 온발라화, 파드마화, 구무나화, 분다리가화, 상언다가화, 만다아라화, 마하만다라화[2]가 그 가운데 그득 차 있다. 저 경행하는 땅에는 다시 또한 마음에 적합한 겹수가 있다. 하늘의 금은으로써 그 잎을 장엄하였다. 그 위에 여러 가지 천관 귀걸이 진귀한 보배 영락 등 여러 가지로 장엄하여 장식되어 있다. 저 모든 보살이 경행을 마치고 나서, 밤이 되면 여러 대승의 법을 억념하며 적멸의 경지를 생각하고, 지옥과 귀취를 방생할 것을 생각한다. 이와 같은 생각을 하고는 그리하여 자심삼마지에 들어가느니라.

제개장보살이여! 저 털구멍에서 이와 같이 보살들이 그 가운데

---

2) 만다라화 - māndāra. 天華로 四華의 하나를 말한다. 큰 것을 마하만다라화(mahāmandārava)로 대목련화라 번역한다. 그 빛깔은 赤色 비슷하며 아주 아름답다. 그러므로 이 꽃을 보면 마음을 즐겁게 한다고 한다. 만수사화는 小白團華라면 이 꽃을 대백단화라 한다. 나무는 波利質多樹와 같은 종류의 나무로 가지과에 속하는 나무이다. 흰 연꽃의 大妙華이다.

復有毛孔, 名金剛面, 而於其中有無數百千万緊那囉
衆, 種種華鬘, 瓔珞徧身莊嚴, 以妙塗香, 用塗其體, 見
者歡喜, 而彼恒時念佛法僧, 得不壞信, 住法忍慈, 思惟
寂滅, 遠離輪廻, 如是如是。善男子, 彼緊那囉衆心生
愛樂。彼之毛孔, 有無數山, 而於其中有金剛寶窟, 金
寶窟, 銀寶窟, 玻胝迦寶窟, 蓮華色寶窟, 靑色寶窟, 復
有具足七寶窟。如是善男子, 於彼毛孔有斯變現, 而於
是中, 又有無數劫樹, 無數栴檀大樹, 微妙香樹, 無數
浴池, 百千万天宮寶殿, 玻胝迦莊嚴, 巧妙淸淨, 適意寶
殿, 於彼出現。

如是宮殿緊那囉衆止息其中。旣止息已, 說微妙法, 所
謂布施波羅蜜多法, 及持戒, 忍辱, 精進, 靜慮, 智慧波
羅蜜多法。說是六波羅蜜多已, 各各經行, 而於是處,
有黃金經行道, 白銀經行道。於是周匝而有劫樹, 金銀
爲葉, 上有種種天衣, 寶冠, 珥璫, 寶鈴, 瓔珞。

나타나느니라. 다시 또한 털구멍이 있어 이름이 금강면(金剛面)이라 한다. 그리하여 그 가운데 무수백천만의 긴나라의 무리들이 있다. 여러 가지의 꽃술과 영락으로 온 몸을 두루 장엄하게 장식하였다. 묘한 도향으로써 그 몸에 바르니, 보는 자가 환희 한다. 그리하여 저들은 항상 부처님과 법과 승을 생각하고, 무너지지 아니하는 신심을 얻어, 법인의 자비함에 머무르면서, 적멸을 사유하여 윤회를 멀리 여의는 것이 이와 같고 이와 같음이라. 선남자야! 저 긴나라의 무리는 마음에 사랑하고 즐기는 마음을 생하느니라. 저 털구멍에 무수한 산이 있다. 그리하여 그 속에 금강보굴, 금보굴, 은보굴, 파지가보굴, 연화지색보굴, 청색보굴이 있으며, 다시 또한 칠보굴을 갖추고 있음이라.

이와 같이 선남자야! 저 털구멍에서 이러한 변화가 있다. 그리고 이 가운데 또한 무수한 겁수 있다. 무수한 전단대수와 미묘한 향나무, 무수한 욕지, 백천만의 천궁의 보전, 파지가로써 장엄한 교묘하고 맑은 마음을 기쁘게 하는 보전이 있어, 저곳에 나타난다. 이와 같이 궁전은 긴나라의 무리가 그 가운데 쉬고 있다. 이미 쉬고 난 다음 미묘한 법을 선설 하신다. 이르는바 보시바라밀다법과 및 지계, 인욕, 정진, 정려, 지혜바라밀다법이다. 이 육바라밀다를 설하고 나서 각각 경행한다. 이곳은 황금 경행도와 백은 경행도가 있다. 이에 주위를 두르고 있는 겁수는 금은으로써 잎이 되었으며, 위에 여러 가지의 천의, 보관, 귀걸이, 보배방울, 영락

如是莊嚴, 彼經行處。又有樓閣, 緊那囉於是經行, 思惟沉淪生苦, 老苦, 病苦, 死苦, 貧窮困苦, 愛別離苦, 冤憎會苦, 求不得苦, 或墮針刺地獄, 黑繩地獄, 喝醝大地獄, 極熱大地獄, 火坑地獄, 或墮餓鬼趣, 如是有情受大苦惱, 彼緊那囉作是思惟。如是善男子, 彼緊那囉, 樂甚深法, 思惟圓寂眞界, 復於恒時念觀自在菩薩摩訶薩名號, 由是稱念, 而於是時, 得諸資具, 悉皆豐足。

善男子, 觀自在菩薩摩訶薩乃至名號, 亦難得值。何以故? 彼與一切有情, 如大父母, 一切恐怖有情, 施之無畏, 開導一切有情, 爲大善友。

이 있다. 이와 같이 장엄된 경행하는 누각이라. 또한 이 누각이 있어 긴나라가 이곳을 경행 하면서 낳는 괴로움, 늙는 괴로움, 병든 괴로움, 죽는 괴로움, 빈궁한 괴로움, 사랑하는 이와 이별하는 괴로움, 원망하고 미워하는 것과 만 나는 괴로움, 구하되 얻지 못하는 괴로움에 잠기고, 혹은 바늘가시에 찔리는 지옥, 쇠 새끼줄에 메이는 지옥, 목마름을 당하는 대 지옥, 매우 뜨거운 대 지옥, 불구덩이에 들어가는 지옥에 떨어지며, 혹은 아귀지옥에 떨어져서 이와 같이 유정들은 큰 괴로움을 받을 것에 침륜하지 않는가?' 저 긴나라도 이런 생각을 하고 있었느니라.

이와 같이 선남자야! 저 긴나라는 심히 깊은 법을 즐기고 원적열반[3]의 진실한 세계를 생각한다. 다시 또한 항상 관자재보살마하살의 이름을 생각하고, 이 이름을 부르고 생각함으로써 그리하여 이때 여러 가지 자구가 모두 다 풍족하게 얻어지느니라. 선남자야! 관자재보살마하살과 내지 명호에 이르기까지 또 한 그 가치를 측량할 수 없음이라. 무슨 까닭인가? 저들은 일체 유정과 더불어 부모와 같이하여 일체를 두려워하는 유정들에게 두려움을 없이 하는 것을 베풀어서 일체의 유정을 잘 열어 인도하여 착한 벗이 되게 하기 때문이니라.

---

3) 원적열반 – 무지의 사견을 여의고 깨달는 다는 뜻이었으나 뒤에 수행자나 승려가 열반하는 것을 원적이라 한다. 긴나라는 성불이 아닌 몸을 바꾸는 것이므로 원적열반이라 하는 것이다.

如是, 善男子, 彼觀自在菩薩摩訶薩, 有六字大明陀羅尼, 難得值遇。若有人能稱念其名, 當得生彼毛孔之中, 不受沉淪。出一毛孔, 而復往詣入一毛孔, 於彼而住, 乃至當證圓寂之地。」

時, 除蓋障 菩薩白世尊言:

「世尊, 今此六字大明陀羅尼, 爲從何處而得耶?」

佛告:

「善男子, 此六字大明陀羅尼, 難得值遇。至於如來而, 亦不知所得之處, 因位菩薩, 云何而能知得處耶?」

除蓋障菩薩白世尊言:

「如是陀羅尼, 今佛如來、應正等覺, 云何而不知耶?」

佛告:

「善男子, 此六字大明陀羅尼, 是觀自在菩薩摩訶薩微妙本心。若有知是微妙本心, 卽知解脫。」

時, 除蓋障菩薩白世尊言:

이와 같이 선남자야! 저 관자재보살마하살에게는 육자대명다라
니가 있으나 그것은 만나기가 어렵다. 만일 어떤 사람이 능히 그
이름을 부르면서 생각한다면, 마땅히 그 털구멍 가운데 태어남을
얻어서 고뇌에 잠김을 받지 않을 것이다. 한 털구멍으로부터 나
왔다가도 다시 돌아 다른 털구멍으로 들어가, 그곳에 머물러도
이에 마땅히 원적 열반의 경지를 증득함을 이룰 것이다."

때에 제개장보살이 부처님께 아뢰어 말하였다.

"부처님이시여! 이제 이 육자대명왕다라니는 어느 곳으로부터
어떻게 얻을 수 있습니까?"

부처님이 고하여 말씀하시었다.

"선남자야! 이 육자대명왕다라니는 그의 값어치만큼이나 얻기 어
려움이라. 여래라 할지라도 또한 얻는 바를 알지 못하는데, 하물
며 인위의 보살이 어찌 능히 얻을 곳을 알겠는가?"

제개장보살이 부처님께 아뢰어 말씀하였다.

"이와 같은 육자대명왕다라니를 이제 부처님이신 여래응정등각
께서 어찌 알지 못하십니까?"

부처님이 말씀하시었다.

"선남자야! 이 육자대명왕다라니는 곧 관자재보살마하살의 미묘
한 본심이라. 만일 이 미묘한 본심을 아는 자가 있으면, 곧 해탈
을 알 것이니라."

그때 제개장보살이 부처님께 아뢰어 말씀하였다.

「世尊, 諸有情中有能知是六字大明陀羅尼者不?」

佛言:

「無有知者。善男子, 此六字大明陀羅尼, 無量相應如
來, 而尙難知, 菩薩云何而得知, 此觀自在菩薩微妙本
心處耶? 我往他方國土, 無有知是六字大明陀羅尼處
者。若有人能而常受持, 此六字大明陀羅尼者, 於是持
誦之時, 有九十九殑伽河沙數如來集會, 復有如微塵數
菩薩集會, 復有三十二天天子衆亦皆集會。復有四大
天王而於四方, 爲其衛護, 復有娑誐囉龍王, 無熱惱龍
王, 得叉迦龍王, 嚩蘇枳龍王, 如是無數百千万俱胝那
庾多龍王而來, 衛護是人, 復有地中藥叉, 虛空神等, 而
亦衛護是人。善男子, 觀自在菩薩身毛孔中, 俱胝數如
來止息已, 讚歎是人言:

「善哉善哉! 善男子, 汝能得是如意摩尼之寶, 汝七代
種 族, 皆當得其解脫。」

"부처님이시여! 모든 유정 가운데 능히 이 육자대명왕다라니를 아는 자가 있습니까? 없습니까?"

부처님께서 말씀하시었다.

"아는 자가 없느니라. 선남자야! 이 육자대명왕다라니는 무량상응의 여래도 오히려 알기 어렵거니와 하물며 보살이 어찌 이 관자재보살의 미묘한 본심처를 알 수 있겠는가? 내가 다른 국토에 가서 보았는데도, 이 육자대명왕다라니가 있는 곳을 아는 자가 있지 아니하였다. 만일 어떤 사람이 능히 항상 이 육자대명왕다라니를 받아 가져서 이를 가지고 지송 할 때는 99항하강의 모래 수만큼의 여래가 있어 이 회에 모이시고, 다시 또한 미진수와 같은 보살이 모일 것이며, 또한 32천의 천자의 무리가 있어 또한 모두 이 회에 모일 것이며, 다시 사대천왕이 있어 사방에서 그를 호위할 것이며, 다시 또한 사가라용왕, 무열뇌용왕, 득차가용왕, 바소지용왕 이와 같은 무수한백천만구지나유타의 용왕이 와서 이 사람을 호위할 것이며, 다시 또 지중에 야차 허공신 등이 또한 이 사람을 호위할 것이니라. 선남자야! 관자재보살의 몸의 털구멍 속에 구지수(俱胝數)의 여래는 숨을 멈추고 이 사람을 찬탄하여 말씀하실 것이다.

'착하고도 착하도다. 선남자야! 너는 능히 여의마니의 보배를 얻었음이라. 너의 칠대 종족은 모두 마땅히 해탈함을 얻을 것이니라.'

善男子, 彼持明人, 於其腹中所有諸蟲, 當得不退轉菩薩之位。若復有人, 以此六字大明陀羅尼, 身中項上戴持者, 善男子, 若有得見是戴持之人, 則同見於金剛之身, 又如見於舍利窣堵波, 又如見於如來, 又如見於具一俱胝智慧者。若有善男子、善女人, 而能依法, 念此六字大明陀羅尼, 是人而得無盡辯才, 得清淨智聚, 得大慈悲。如是之人日日得具六波羅蜜多圓滿功德。是人得天轉輪灌頂, 是人於其口中所出之氣, 觸他人身, 所觸之人, 發起慈心, 離諸瞋毒, 當得不退轉菩薩, 速疾證得阿耨多羅三藐三菩提。若此戴持之人, 以手觸於餘人之身, 蒙所觸者, 是人速得菩薩之位, 若是戴持之人 見其男子, 女人, 童男, 童女,

乃至異類諸有情身, 如是得所見者, 悉皆速得菩薩之位, 如是之人而永不受生、老病死苦, 愛別離苦,

선남자야! 저 육자대명왕다라니를 지송하는 사람은 그의 배 속에 있는바 모든 벌레도 마땅히 불퇴전의 보살 위를 얻을 것이요. 만일 다시 어떤 사람이 이 육자대명왕다라니로써 몸 가운데 지니고 머리 위로 받드는 자가 있다. 선남자야! 만약 정대 하는 것을 보는 자도 또한 곧 금강의 몸을 보는 것과 같을 것이며, 또한 사리 솔토파를 보는 것과 같을 것이며, 또한 여래를 보는 것과 같을 것이며, 또한 일구지의 지혜를 갖춘 자를 보는 것과 같을 것이니라. 만일 선남자 선여인이 있어 능히 법에 의하여 이 육자대명왕다라니를 염송하면, 이 사람을 다함이 없는 변재를 얻을 것이며, 청정한 지혜를 얻을 것이며, 대 자비를 얻을 것이니라. 이와 같은 사람은 나날이 육바라밀다를 갖춘 원만한 공덕을 얻을 것이니라. 이 사람은 하늘의 전륜관정을 얻을 것이며, 이 사람의 그 입안에서 나오는 기운이 남의 몸에 닿으면 닿음을 입는 자도 자비심을 일으켜서 마음에 모든 진독을 여의어 마땅히 불퇴전보살이 되어 속히 아뇩다라삼먁삼보리(무상정등정각)를 증득 할 것이다. 만일 이것을 정대하여 받들어 가지는 사람은 손으로써 다른 사람의 몸에 닿으면, 닿음을 입는 자도 속히 보살 위를 얻을 것이다. 만일 이를 받들어 가지는 사람이 남자이든 여자이든 동남동녀 내지 다른 종류의 유정들의 몸을 보면 이와 같이 보여 진자도 모두 속히 보살 위를 얻을 것이다. 이와 같은 사람은 영원히 나고 늙고 병들고 죽는 괴로움과 사랑하는 사람과 이별하는 괴로움을 받지 아니

而得不可思議相應念誦。今此六字大明陀羅尼，作如
是說。」

佛說大乘莊嚴寶王經 卷第三 終。

할 것이다. 그리하여 불가사의한 상응의 염송을 얻으리라. 이제
이 육자대명왕다라니는 이와 같으니라.”

불설대승장엄보왕경 권제3 마침.

佛說大乘莊嚴寶王經 卷第四

爾時, 除蓋障菩薩而白佛言:

「世尊, 我今云何得是六字大明陀羅尼? 若得彼者, 不可思議無量禪定相應, 即同得阿耨多羅三藐三菩提, 入解脫門, 見涅盤地, 貪瞋永滅, 法藏圓滿, 破壞五趣輪廻, 淨諸地獄, 斷除煩惱, 救度傍生, 圓滿法味, 一切智智, 演說無盡。世尊, 我須是六字大明陀羅尼。我爲此故, 以四大洲滿中七寶布施, 以爲書寫。世尊, 若乏紙筆, 我刺身血, 以爲墨, 剝皮爲紙, 析骨爲筆。如是世尊, 我無悔吝尊重, 如我父母。」

爾時, 佛告除蓋障菩薩言:

불설대승장엄보왕경 권제4

이때 제개장보살이 부처님께 아뢰어 말하였다.

"부처님이시여! 내가 이제 어찌하여야 이 육자대명왕다라니를 얻을 수 있습니까? 만일 그것을 얻는 자는 불가사의한 무량한 선정(禪定)이 상응하여, 곧 아뇩다라삼먁삼보리를 얻음과 같아서, 해탈문에 들어가서 열반지를 보고, 탐심과 진심을 영원히 멸하여 법장이 원만하며, 오취의 윤회를 파괴하고 모든 지옥을 정화하며, 모든 번뇌를 끊어 없애고, 생명을 구하여 놓아주며, 법의 맛을 원만히 얻어, 일체지지로써 다함 없는 설법을 할 것입니다. 부처님이시여! 저는 모름지기 이 육자대명왕다라니를 구하고자 하옵니다. 저는 이를 위하여 사대주 가운데 가득한 칠보를 보시할 것이며 경문을 서사하겠나이다. 부처님이시여! 만일 종이나 붓이 없으면 저의 몸을 찔러 피로써 먹으로 삼고, 가죽을 벗겨 종이로 하며, 뼈로써 붓으로 삼겠나이다. 이와 같이 하여도 부처님이시여! 저는 후회하거나 아까워하지도 아니하고 존중하기를 마치 나의 부모와 같이하겠나이다."

이때 부처님이 제개장보살에게 고하여 말씀하시었다.

『善男子, 我念過去世時, 爲此六字大明陀羅尼, 徧歷如微塵數世界, 我供養無數百千万俱胝那庾多如來, 我當於彼諸如來處, 不得而亦不聞。

時世有佛名, 寶上如來, 應供, 正徧知, 明行足, 善逝, 世間解, 無上士, 調御丈夫, 天人師, 佛世尊。我當於彼佛前, 涕淚悲泣。時彼如來、應正等覺言：

「善男子, 汝去勿應悲泣, 善男子, 汝往到彼見蓮華上如來應正等覺。在於彼處, 彼佛知是六字大明陀羅尼。」

善男子, 我當辭離寶上如來所, 往詣蓮華上如來佛刹到已, 頂禮佛足, 合掌在前,

「唯願世尊, 與我六字大明陀羅尼。」

彼眞言王, 一切本母, 憶念其名, 罪垢消除, 疾證菩提。

"선남자야! 내가 과거세를 생각하니, 이 육자대명왕다라니를 위하여 미진수와 같은 세계를 두루 거쳐서 내가 무수한 백천만구지 나유타의 여래를 공양하였지만, 나는 마땅히 저 모든 여래의 처소에서도 얻지 못하였으며, 또한 듣지도 못하였느니라.

그때 세상에 부처님이 계셨느니라. 이름을 보상여래[1], 응공, 정변지, 명행족, 선서, 세간해, 무상사, 조어장부, 천인사, 불세존이라. 내가 저 부처님 앞에 이르려 눈물을 흘려 슬피 울었느니라. 때에 저 여래정등각께서 말씀하시었느니라.

'선남자야! 너는 가거라. 마땅히 슬피 울지 말고 저곳으로 가라. 선남자야! 너는 가서 그곳에 계시는 연화상[2]여래응정등각께 친근하라. 저곳의 부처님은 이 육자대명왕다라니를 알고 계실 것이다.'

선남자야! 나는 곧 보상여래의 처소를 사퇴하고 연화상여래의 불국토에 가서 그곳에 도착하여 이마를 부처님의 발에 대고 예배하고는 합장하고 앞에 앉아 말하였느니라.

'오직 원하건대 부처님이시여! 저에게 육자대명왕다라니를 주시옵소서. 저 진언왕이며 일체 본모이니, 그 이름을 생각하여도 죄의 더러움이 소멸 되고, 속히 보리를 증득하게 하여주십시오. 이

---

1) 남방 환희세계에 속하는 부처님이다. 아미타경에는 서방에 계시는 부처님이라고도 하였다.
2) Dīpaṅkara. 과거불 중에 한분으로 석가모니불에게 수기를 주었던 연등불을 말한다. 연등불을 定光佛이라 하며 석가모니불의 스승이다. 석가는 미륵의 스승이요, 문수는 석가의 조사이다.

爲於此故, 我今疲困, 我往無數世界而不能得, 今迴來
於此處。』

是時, 蓮華上如來, 即說此六字大明陀羅尼功德言:

「善男子, 所有微塵, 我能數其數量, 善男子, 若有念
此六字大明陀羅尼一徧, 所獲功德, 而我不能數其數
量。善男子, 又如大海所有沙數, 我能數其一一數量,
善男子, 若念六字大明一徧, 所獲功德, 而我不能數其
數量。善男子, 又如天人造立倉廩, 周一千踰繕那, 高
一百踰繕那, 貯積脂麻盈滿其中, 而無容針, 彼守護者
不老不死, 過於百劫, 擲其一粒脂麻在外, 如是倉內擲
盡無餘, 我能數其數量, 善男子, 若念六字大明一徧, 所
獲功德, 而我不能數其數量。善男子, 又如四大洲種植
種種穀麥等物, 龍王降澍, 雨澤以時, 所植之物, 悉皆成
熟, 收刈俱畢, 以南贍部洲, 而爲其場,

에 이러한 까닭으로 나는 이제 피곤한 몸으로 저는 무수한 세계를 다니면서도 능히 얻음이 없이 이제 이곳으로 돌아왔습니다.

이때 연화상여래는 곧 이 육자대명다라니의 공덕을 설하시여 말씀하시었느니라.

선남자야! 있는바 미진수의 모든 것은 내가 능히 그 수를 헤아릴 수 있다. 그러나 선남자야! 만약 이 육자대명왕다라니를 한번 염송하여 얻는바 공덕은 내가 능히 그 수량을 헤아릴 수도 없느니라. 선남자야! 또한 큰 바다에 있는 바의 모래의 수효는 내가 능히 그의 하나하나의 수량을 다 헤아리지만, 선남자야! 만일 육자대명왕다라니를 한번 염송하여 얻은바 공덕은 내가 능히 그 수량을 헤아리지 못하느니라. 선남자야! 또한 만일 천인이 만든 창고가 있어 그 둘레가 일천 유선나이다. 높이가 일백 유선나라, 지마(脂麻)를 쌓아 그 안에 가득하여 바늘도 들어갈 틈이 없이 하여 그것을 수호하는 자는 늙지도 않고 죽지도 않아 백겁을 지나면서 그 한 알의 지마씨를 밖으로 던져서 이와 같이 하여 창고 안에 있는 것을 모두 던져 남음이 없게 하더라도 내가 능히 그 수량을 헤아릴 수 있지만, 선남자야! 만일 육자대명왕다라니를 한번 염송하여 얻는바 공덕은 내가 능히 그 수량을 헤아릴 수가 없느니라.

선남자야! 또한 만일 사대주에 여러 가지 종자를 심어 가지가지 곡식 등 물건에 용왕이 때를 맞춰 비를 내려서 때에 심은 바의 모든 것이 모두 다 익어 거두어들여 남섬부주로써 장소로 정하여

以車乘等般運場所, 治踐俱畢, 都成大聚, 善男子, 如是
我能數其一一粒數, 善男子, 若念此六字大明一徧, 所
獲功德, 我則不能數其數量。

善男子, 此南贍部洲所有大河, 晝夜流注, 所謂枲多
河、弶誐河、焰母那河、嚩芻河、設多嚕奈囉二合河、
贊奈囉二合婆蘗河、愛囉嚩底河、蘇摩誐馱河、呬摩
河、迦攞戍那哩河。此一一河各有五千眷屬小河。
於其晝夜流入大海。如是善男子, 彼等大河我能數其
一一滴數, 善男子, 若念此六字大明一徧, 所獲功德, 而
我不能數其數量。善男子, 又如四大洲所有四足有情,
師子, 象, 馬, 野牛, 水牛, 虎狼, 猴, 鹿, 羖羊, 豺, 兔, 如
是等四足之類, 我能數其一一毛數, 善男子, 若念六字
大明一徧,

수레로써 옮겨 털어서 마치니 큰 마을을 이룸이라. 선남자야! 이와 같은 것도 나는 능히 그 낱낱의 씨앗을 헤아리지만, 선남자야! 만약 이 육자대명왕다라니를 한번 염송하여 얻은바 공덕은 내가 곧 능히 그 수량을 헤아릴 수가 없느니라. 선남자야! 이 남섬부주에 있는 바 큰 강은 주야로 흐른다. 이르는바 신두하[3], 강가하[4], 염모나하[5], 비파스하[6], 설다노나라하, 챤나라바브하, 애라박저하, 소마가타하, 사마라하, 가라슈나리강이다. 이 하나하나의 강에 각각 오천의 권속의 작은 강이 있다. 그것이 주야로 흘러 큰 바다에 들어간다. 이와 같이 선남자야! 저들 큰 강은 내가 능히 그의 하나하나의 물방울의 수효를 헤아릴 수가 있지만, 선남자야! 만약 이 육자대명왕다라니를 한번 염송하여 얻는바 공덕은 그리하여 내가 능히 그 수량을 헤아릴 수가 없느니라. 선남자야! 또한, 만일 사대주에 있는바 네발 가진 유정들 사자, 코끼리, 말, 들소, 물소, 호랑이, 원숭이, 사슴, 염소, 양, 승냥이, 토끼, 이와 같은 것 등 네발 가진 짐승 유는 내가 능히 그의 하나하나의 터럭의 수효를 헤아릴 수는 있지만, 선남자야! 만약 육자대명왕다라니를 한

---

3) 신두하 – Sindhu. 신도하. 사대강 중에 하나. 인도의 서북부에 흐르는 강. 인더스문명의 발상지이다. 히말라야산맥 중에 마나사호의 서북쪽에 솟은 카일라스산에서 샘물이 흐리기 시작하여 장장 2900여 km를 흘러 바다로 들어가는 긴 강이다. 인도라는 국명도 이 강 이름에서 따온 말이다.
4) 강가하 – 긍가하, 항하, 갠지스강을 말한다. 中印度를 흐르는 큰 강으로 주위에 평원이 발달하고 산물이 풍부하여 도시가 발달한 印度 문명의 중심지이다.
5) 염모나하 – Yamunā. 염모나, 염모하. 인도 5대강 중 하나이다. 갠지스강의 가장 긴 지류. 델리와 아그라지역이 있다.
6) 비파스하 – Vipāśa. 비파사하. 북인도 책가국을 둘러싸고 흐르는 강. 현재 비야스강이다.

所獲功德, 而我不能數其數量。

善男子, 又如金剛鉤山王, 高九万九千踰繕那, 下八万四千踰繕那, 彼金剛鉤山王方面, 各八万四千踰繕那, 彼山有人不老不死, 經於一劫, 旋遶彼山, 而得一匝。如是山王, 我以憍尸迦衣, 我能拂盡無餘, 若有念此六字大明一徧, 所獲功德, 而我不能說盡數量。善男子, 又如大海深八万四千踰繕那, 穴口廣闊無量。我能以一毛端, 滴盡無餘, 善男子, 若有念此六字大明一徧, 所獲功德, 而我不能說盡數量。善男子, 又如大尸利沙樹林, 我能數盡一一葉數, 善男子, 若有念此六字大明一徧, 所獲功德, 而我不能說盡數量。善男子, 又如滿四大洲所住男子, 女人, 童子, 童女,

번 염송하여 얻는 바의 공덕은 내가 능히 그의 수량을 헤아릴 수 없느니라.

선남자야! 또한, 만일 금강구산왕이 있어 높이가 구만구천 유선나요 밑이 팔만사천 유선나이다. 저 금강구산왕 방에 각각 팔만사천 유선나가 있고, 저 산에 사람이 있어 늙지도 않고 죽지도 않아 일겁을 지나서 그 산을 그리하여 한 바퀴 돌 수 있는데, 이와 같은 산왕들을 내가 교시가의로써 내가 능히 다 털어서 남김이 없게 할 수는 있지만, 만약 어떤 자가 있어 육자대명왕다라니를 한번 생각하여 얻는바 공덕은 그러나 내가 능히 그 수량을 말로써 다할 수 없느니라. 선남자야! 또한, 큰 바다의 깊이가 팔만사천 유선나요, 입구가 넓어 무량함이라, 내가 능히 한 털끝으로써 물을 모두 없애어서 남김이 없이 할 수는 있지만, 선남자야! 만약 어떤 자가 있어 이 육자대명왕다라니를 한번 염송하여 얻은 바의 공덕은 그러나 내가 능히 그 수량을 설하여 다할 수가 없느니라.

선남자야! 또한 큰 시리사(尸利沙) 나무[7] 숲은 내가 능히 하나하나의 잎의 수효를 다 헤아리지만, 선남자야! 만약 어떤 자가 있어 육자대명왕다라니를 한번 염송하여 얻는 바의 공덕은 그러나 내가 능히 수량을 다 말할 수 없느니라.

선남자야! 또한, 사대주에 가득히 있는 남자 여자 동남동녀 이와

---

7) 시리사나무 - śiriṣa. 사리사, 시리쇄. 合歡樹 夜合樹 合昏樹라 번역한다. 향기로운 흰색의 꽃이 핀다. 그 나무로 香藥을 만들고 또 구루손불의 도량수이기도 하다.

如是一切皆得七地菩薩之位, 彼菩薩衆所有功德, 與念
六字大明一徧功德, 而無有異。

善男子, 又如除十二月年, 遇閏一十三月, 以餘閏月筭
數爲年, 足滿天上一劫, 於其晝夜常降大雨, 善男子, 如
是我能數其一一滴數, 若有念此六字大明陀羅尼一徧,
功德數量, 甚多於彼。於意云何? 善男子, 又如一俱胝
數如來在於一處, 經天一劫, 以衣服, 飮食, 座臥, 敷具,
及以湯藥, 受用資具, 種種供養彼諸如來, 而亦不能數
盡。六字大明功德數量, 非唯我今在此世界, 我起定
中, 不可思議, 善男子, 此法微妙, 加行觀智一切相應,
汝於未來, 當得是微妙心法。彼觀自在菩薩摩訶薩, 善
住如是六字大明陀羅尼。善男子, 我以加行, 徧歷無數
百千万俱胝那庾多世界, 到彼無量壽如來所在前, 合掌
爲於法故, 涕泣流淚。

같은 일체가 모두 다 칠지의 보살 위를 얻어서 저 보살들이 가진 바의 공덕은 육자대명왕다라니 한번 염송하여 얻은바 공덕과 다를 것이 없느니라. 선남자야! 또 열두달 해를 제하고 열 세 달의 윤달의 해를 만나서 나머지 윤달로써 수를 헤아려서 햇년을 삼아서 천상세계 일겁을 채워 그 주야로 항상 큰비가 내린다면 선남자야! 이와 같은 것은 내가 능히 그의 하나하나의 빗방울을 헤아리지만, 만약 어떤 자가 있어 이 육자대명왕다라니를 한번 염송한 공덕의 수량은 심히 많아서 저의 생각으로 어찌하지 못하느니라.

선남자야! 또한, 만약 일구지수의 여래가 한 곳에 계시어 하늘의 일겁을 지나서 의복, 음식, 와구, 덮개, 및 탕약으로써 수용할 자구로써 여러 가지로 모든 여래들을 공양하더라도 또한 그 수를 다하지 못하느니라. 육자대명왕다라니의 공덕의 수량도 오직 내가 이제 이 세계에서 정중 가운데 불가사의함을 일으킬 뿐만 아니라, 선남자야! 이 법은 미묘하여 가행(加行)과 관지(觀智)의 일체에 상응하느니라. 너는 저 미래에 마땅히 이 미묘한 마음의 법을 얻을지니라. 저 관자재보살마하살은 이와 같은 육자대명왕다라니에 잘 머무르신다.

선남자야! 내가 가행으로써 무수한 백천만구지나유타의 세계를 두루 다녀, 저 무량수여래가 계신 곳에 이르러서 앞에서 합장하여 법을 위하여 눈물을 흘려 울었다. 때에 무량수여래가 내가 있

時, 無量壽如來知我見在及以未來, 而告我言：

「善男子, 汝須此六字大明王觀行瑜伽耶?」

我時白言：

「我須是法。世尊我須是法善逝, 如渴乏者而須其水。世尊我爲是六字大明陀羅尼故, 行無數世界, 承事供養無數百千万俱胝那庾多如來, 未曾得是六字大明王陀羅尼。唯願世尊, 救我愚鈍! 如不具足者令得具足, 迷失路者引示道路, 陽焰炎熱爲作蔭覆, 於四衢道植娑羅樹。我心渴仰是法。唯願示導, 令得善住究竟之道, 擐金剛甲冑。」

是時, 無量壽如來應正等覺, 以迦陵頻伽音聲, 告觀自在菩薩摩訶薩言：

「善男子, 汝見是蓮華上如來應正等覺,

는 것을 보고 알아차리시고 미래의 일로써 나에게 고하여 말씀하시느니라.

선남자야! 너는 모름지기 육자대명왕다라니의 관행유가(觀行瑜伽)를 필요 하는가?

내가 그때 아뢰어 말씀하였느니라.

'저는 모름지기 이 법이 필요합니다. 부처님이시여! 제가 모름지기 필요로 하는 이 법은 부처님이시여! 마치 목마른 자가 물어볼 필요로 하는 것과 같사옵니다. 부처님이시여! 저는 이 육자대명왕다라니를 위하여 무수한 세계로 가서 무수백천만구지나유타의 여래를 섬겨 받들고 공양하여도 아직 일찍이 이 육자대명왕다라니를 얻지 못하였나이다. 오직 원하건대 부처님이시여! 제가 어리석고 둔함을 건져주소서! 갖추지 못한 자로 하여금 갖춤을 얻게 하시고, 어리석어 길 잃은 자에게 길을 인도하여 보여 주시고, 뜨거운 햇빛에는 덮개로 그늘을 만들어 주시되, 저 네거리의 사라수나무를 심는 것과 같게 하여주십시오. 저는 마음에 이 법을 갈구하며 바라고 있사옵니다. 오직 원하건대 이끌어 주시어 하여금 구경의 도에 머무름을 얻게 하시고, 금강의 갑옷을 입게 하여주소서.'

이때 무량수여래응정등각은 가릉빙가의 음성으로써 관자재보살마하살에 고하여 말씀하시었느니라.

'선남자야! 너는 이 연화상여래응정등각을 친근하여 이 육자대명

爲此六字大明陀羅尼故, 徧歷無數百千万俱胝那庾多
世界, 善男子, 汝應與是六字大明。此如來爲是故, 來
於此。」

觀自在菩薩白世尊言：

「不見曼拏攞者, 不能得此法。云何知是蓮華印,
云何知是持摩尼印, 云何知是一切王印, 云何知是曼拏
攞清淨體? 今此曼拏攞相, 周圍四方, 方各五肘量, 中心
曼拏攞, 安立無量壽, 粉布應用因 捺囉二合禰攞寶秫, 鉢
訥麼二合囉引誐寶秫, 摩囉揭多寶秫, 玻胝迦寶秫, 蘇嚩
囉拏二合嚕引播寶秫。於無量壽如來右邊, 安持大摩尼
寶菩薩, 於佛左邊, 安六字大明, 四臂肉色, 白如月色,
種種寶莊嚴, 左手持蓮華, 於蓮華上安摩尼寶, 右手持
數珠, 下二手結一切王印, 於六字大明足下,

왕다라니를 위하여 무수한 백천만구지나유타의 세계를 두루 다녔다. 선남자야! 너는 마땅히 이 육자대명왕다라니를 줄 것이니라. 이 여래는 이 때문에 이곳에 오시느니라.'

관자재보살은 부처님에게 아뢰어 말씀하시었느니라.

'만다라를 보지 못하는 자는 능히 이 법을 얻을 수 없습니다. 어떻게 이 연화인(蓮華印)[8]을 알겠으며, 어떻게 이 마니인(摩尼印)[9]을 가져 알겠으며, 어떻게 이 일체왕인(一切王印)을 알겠으며, 어떻게 이 만다라의 청정체를 알겠습니까? 이제 이 만다라의 모습은 주위 사방이 각각 다섯 주량이요, 중심의 만다라에 무량수부처님을 안립하고 채색을 하여야 합니다. 마땅히 인드라니라보배말[靑色], 파드마라가보배말[白色], 마라갈다보배말[綠色], 파지가보배말[紅色], 수바루나루프야보배말[黃色]을 사용하여야 합니다. 무량수여래의 오른쪽에는 대 마니보배(大摩尼寶)를 가진 보살을 안치하고, 저 부처님의 왼쪽에는 육자대명왕다라니를 안치하여야 하는데 네팔의 살색은 흰색으로 달빛과 같이하며, 여러 가지 보배로서 장엄해야 합니다. 왼손에는 저 연꽃을 가지고 연꽃 위에 마니보배를 안치하며, 오른손은 염주를 가지고, 아래의 두 손은 일체왕인을 결하고, 육자대명왕다라니의 발아래에

---

8) 蓮華印 - 연꽃 모양의 결인 상. 두 팔목을 붙이고 열 손가락을 펼쳐 꼿꼿하게 세운 상태에서 약간 구부리고 위를 향하도록 하여 연꽃의 꽃봉우리 모양을 만드는 합장법. 結印으로는 가운데 엄지손가락과 무명지를 서로 붙이고 나머지 세 손가락을 펴는 것이다.
9) 摩尼印 - 보주의 모양을 한 印契를 말한다. 불행과 재난을 없애주는 印結이다.

安天人種種莊嚴, 右手執香爐, 左手掌鉢滿盛諸寶, 於曼拏攞四角, 列四大天王, 執持種種器仗,

於曼拏攞外四角, 安四賢瓶, 滿盛種種摩尼之寶。若有善男子、善女人, 欲入是曼拏攞者, 所有眷屬, 不及入是曼拏攞中, 但書其名, 彼先入者擲彼眷屬名字, 入於曼拏攞中, 彼諸眷屬。皆得菩薩之位, 於其人中離諸苦惱, 速疾證得阿耨多羅三藐三菩提。彼阿闍梨, 不得妄傳, 若有方便善巧, 深信大乘加行, 志求解脫, 如是之人應與, 不應與外道異見。」

是時, 無量壽如來應正等覺 告觀自在菩薩摩訶薩言：

「善男子, 若有如是五種色寶粖, 當得建置是曼拏攞, 若善男子、善女人貧匱, 不能辦是寶粖者云何?」

천인(天人)을 안치하여 여러 가지로써 장엄하고 오른손에는 향로를 잡게 하고 왼손 손바닥 발우에는 여러 가지 보배를 가득히 채워야 합니다. 저 만다라의 네 귀퉁이에 사대천왕을 나열시켜서 여러 가지 조복시키는 기구를 잡게 하고, 저 만다라의 밖의 네 모퉁이에는 네 개의 병(瓶)을 놓아 여러 가지의 마니보배를 가득 채우게 합니다. 만약 어떤 선남자, 선여인이 이 만다라 속으로 들어가려고 하는 자는 거느리고 있는 권속은 이 만다라 속으로 들어갈 수 없습니다. 다만 그 이름만을 써서 저들 중에서 먼저 들어가는 자가 저의 권속의 이름자를 던지고 저 만다라 가운데 들어가게 하면, 저들의 모든 권속은 모두 다 보살 위를 얻을 것이며, 그 들은 그 속에서 모든 고뇌를 여의고 속히 아뇩다라삼먁삼보리를 증득하게 될 것입니다. 저 아사리는 망령되이 함부로 전수할 수 없습니다. 만약 방편선교가 있으면 깊이 대승가행을 믿고 뜻에 해탈을 구하게 되므로 이와 같은 사람에게는 마땅히 전해 줄 것이나, 외도나 다른 견해를 가진 자에게는 응당히 전해주지 못합니다.'

이때 무량수여래응정등각은 관자재보살마하살에게 고하여 말씀하시었느니라.

'선남자야! 만약 이와 같은 다섯 종류의 빛깔이 있는 보배의 분말이 있으면 마땅히 이 만다라를 세워 안치할 수 있지만, 만약 선남자나 선여인이 가난하여 이 보배의 분말을 장만할 수 없는 자는

觀自在白言:

「世尊, 當以方便, 用種種顏色而作, 以種種香花等供養。若善男子, 而亦不辦, 或寄旅停, 或在道行

時阿闍梨運意想成曼拏攞, 結阿闍梨印相。」

是時, 蓮華上如來應正等覺, 告觀自在菩薩言:

「善男子, 與我說是六字大明王陀羅尼, 我爲無數百千万俱胝那庾多有情, 令離輪廻苦惱, 速疾證得阿耨多羅三藐三菩提故。」

是時, 觀自在菩薩摩訶薩, 與蓮華上如來應正等覺, 說是六字大明陀羅尼曰:

「唵引 麼抳鉢 訥銘二合引 吽引.」

當說此六字大明陀羅尼時, 此四大洲, 幷諸天宮, 悉皆震搖, 如芭蕉葉。四大海水波浪騰湧, 一切尾那野迦, 藥叉, 囉刹娑, 拱伴拏, 摩賀迦攞等, 幷諸眷屬諸魔作障者, 悉皆怖散馳走。

어찌하옵니까?'

관자재보살이 아뢰어 말씀하였느니라.

'부처님이시여! 마땅히 방편으로써 여러 가지 얼굴빛을 만들어서 여러 가지 향기로운 꽃으로써 공양할 수 있습니다. 만일 선남자라도 또한 장만할 수 없거나 혹은 여행 중에 있거나 혹은 길을 가고 있을 때는 아사리의 뜻대로 만다라를 만들어 아사리가 인상(印相)을 결하면 됩니다.'

이때 연화상여래응정등각은 관자재보살에게 고하여 말씀하였느니라.

'선남자야! 나에게 이 육자대명왕다라니를 설하라. 나는 무수백천만구지나유타의 중생들을 위하여 하여금 윤회의 고통을 여의게 하고 속히 아뇩다라삼먁삼보리를 증득하게 하기 위해서이니라.'

이때 관자재보살마하살은 연화상여래응정등각을 위하여 이 육자대명왕다라니를 설하여 말하였느니라.

"옴 마 니 반 메 훔(唵 麼 抳 鉢 納銘 吽)."

마땅히 이 육자대명왕다라니를 설할 때 이 사대주와 아울러 모든 천궁이 모두 다 흔들리는 것이, 마치 파초의 잎과 같음이라. 네 큰 바다의 물은 파랑이 끓어 오르고, 일체 비냐야카(尾那野迦), 야차, 나찰사, 구반다, 마하가라(摩賀迦羅) 등과 모든 권속, 마군이의 장애를 짓는 자는 모두 다 두려워서 흩어져 달아났느니라.

爾時, 蓮華上如來應正等覺, 舒如象王鼻臂, 授與觀自在菩薩摩訶薩, 價直百千眞珠瓔珞, 以用供養。觀自在菩薩旣受得已, 持奉上彼無量壽如來應正等覺。彼佛受已, 還持奉上蓮華上如來。

而於是時, 蓮華上佛, 旣受得是六字大明陀羅尼已, 而還復彼蓮華上世界中。如是善男子, 我於往昔之時, 於彼蓮華上如來、應正等覺所, 得聞是陀羅尼。」

爾時, 除蓋障菩薩而白佛言：

「世尊, 令我云何得是六字大明陀羅尼? 世尊, 如是相應甘露德味充滿。世尊, 我若得聞是陀羅尼, 而無懈惓, 心念思惟而能受持, 令諸有情, 而得聞是六字大明陀羅尼, 獲大功德, 願爲宣說。」

佛告：

「善男子, 若有人書寫此六字大明陀羅尼者, 則同書寫八萬四千法藏,

이때 연화상여래응정등각이 코끼리왕의 코와 같은 팔을 펴서 관자재보살마하살에게 값어치가 백천이나 되는 진주와 영락을 올리면서 공양하시었느니라. 관자재보살이 이것을 받고 나서 그것을 가지고 무량수여래응정등각에게 받치었느니라. 저 부처님이 받고 나서 다시 연화상여래에게 받들어 올리었느니라. 그리하여 이때 연화상부처님은 이미 이 육자대명왕다라니를 받으셨다. 다시 저 연화상세계 안에 돌아가셨느니라. 이와 같이 선남자여! 내가 저 옛날에 저 연화상여래응정등각의 처소에서 이 다라니를 들었느니라.”

이때 제개장보살이 부처님께 아뢰어 말씀하였다.

“부처님이시여! 저로 하여금 어떻게 이 육자대명왕다라니를 얻을 수 있겠습니까? 부처님이시여! 이와 같이 감로에 상응하는 덕의 맛이 충만하옵니다. 부처님이시여! 제가 만약 이 다라니를 들을 수 있으면 게으름이 없이 마음에 생각하여 그리하여 능히 받아 가질 것입니다. 모든 유정들에게 이 육자대명왕다라니를 듣게 하여 큰 공덕을 얻게 할 것이옵니다. 원하건대 위하여 선설하여 주십시오.”

부처님이 고하여 말씀하시었다.

“선남자야! 만약 어떤 사람이 있어 이 육자대명왕다라니를 써서 베끼는 자가 있으면 곧 팔만사천 법장을 써서 베낀 것과 다름이 없을 것이다. 만약 어떤 사람이 있어 하늘의 금보로써 티끌 수만

而無有異, 若有人以天金寶, 造作如微塵數如來應正等
覺形像, 如是作已, 而於一日慶讚供養, 所獲果報, 不如
書寫此六字大明陀羅尼中一字所獲果報功德, 不可思
議善住解脫。若善男子、善女人, 依法念此六字大明
陀羅尼者, 是人當得三摩地, 所謂持摩尼寶三摩地, 廣
傳三摩地, 清淨地獄傍生三摩地, 金剛甲冑三摩地, 妙
足平滿三摩地, 入諸方便三摩地, 入諸法三摩地, 觀莊
嚴三摩地, 法車聲三摩地, 遠離貪瞋癡三摩地, 無邊際
三摩地, 六波羅蜜多門三摩地, 持大妙高三摩地, 救諸
怖畏三摩地, 現諸佛剎三摩地, 觀察諸佛三摩地, 得如
是等一百八三摩地。」

是時, 除蓋障菩薩白佛言:

「世尊, 我今爲於何處, 令我得是六字大明陀羅尼? 願
爲宣示。」

佛告:

「善男子, 於波羅奈大城, 有一法師, 而常作意, 受持課

큼 여래응정등각의 형상을 만들어서 이와 같이 만들어 그리하여 하루 동안 받들어 공양하여 얻은 과보는 이육자대명왕다라니의 한 글자를 써서 얻은 바의 공덕이 불가사의하여 해탈에 잘 머무는 것만 같지 못하느니라. 만약 선남자나 선여인이 법에 의지하여 이 육자대명왕다라니를 염송하는 자는 이 사람은 마땅히 삼마지를 얻을 것이니라. 이르는바 지마니보삼마지(持摩尼寶三摩地), 광박삼마지(廣博三摩地), 청정지옥방생삼마지, 금강갑주삼마지(金剛甲冑三摩地), 묘족평만삼마지(妙足平滿三摩地), 입제방편삼마지(入諸方便三摩地), 입제법삼마지(入諸法三摩地), 관장엄삼마지(觀莊嚴三摩地), 법거성삼마지(法車聲三摩地), 원리탐진치삼마지(遠離貪瞋癡三摩地), 무변제삼마지(無邊際三摩地), 육바라밀다문삼마지(六波羅密多門三摩地), 지대묘고삼마지(持大妙高三摩地), 구제포외삼마지(救濟佈外三摩地), 현제불찰삼마지(現諸佛刹三摩地), 관찰제불삼마지(觀察諸佛三摩地)를 가지는 것이다. 이와 같은 등의 백팔 삼마지를 얻게 되느니라."

이때 제개장보살이 부처님께 아뢰어 말씀하였다.

"부처님이시여! 저는 이제 어느 곳에서 저로 하여금 이 육자대명왕다라니를 얻게 하시옵니까? 원하건대 알려 주시옵소서!"

부처님이 고하여 말씀하시었다.

"선남자야! 저 바라나 대성에 한 법사가 있다. 그리하여 항상 마

誦六字大明陀羅尼。」

白世尊言：

「我今欲往波羅奈大城, 見彼法師, 禮拜供養。」

佛言：

「善哉善哉! 善男子, 彼法師者, 難得値遇。能受持是
六字大明陀羅尼, 見彼法師, 同見如來無異, 如見功德
聖地, 又如見福德之聚, 如見珍寶之積, 如見施願 如意
摩尼珠, 如見法藏, 如見救世者。善男子, 汝若見彼法
師, 不得生其輕慢, 疑慮之心。善男子, 恐退失汝菩薩
之地, 反受沉淪。彼之法師戒行缺犯, 而有妻子, 大小
便利觸污袈裟, 無有威儀。」

爾時, 除蓋障白世尊言：

「如佛教敕。」

於是, 除蓋障菩薩, 與無數菩薩, 出家之衆, 長者,

음에 육자대명왕다라니를 받아 가지고 염송한다."

제개장보살이 부처님께 아뢰어 말씀하였다.

"저는 이제 바라나대성으로 가서 그 법사를 친근하고 예배하며 공양하고자 하옵니다."

부처님께서 말씀하시었다.

"착하고도 착하도다. 선남자야! 저 법사는 만나기 어려울 것이다. 능히 이 육자대명왕다라니를 받아 가지고 있다. 저 법사를 보되 부처를 보는 것과 같이 다름이 없게 해야 할 것이다. 공덕이 성스러운 땅을 보는 것과 같이하여야 할 것이며, 또한 복덕의 모임을 보는 것과 같이하여야 할 것이며, 진귀한 보배가 쌓인 것을 보는 것과 같이하여야 할 것이며, 원하는 바를 베풀어주는 여의마니주를 보는 것과 같이하여야 할 것이며, 법장을 보는 것과 같이하여야 하며, 세상을 구제하는 자를 보는 것과 같이하여야 할지니라. 선남자야! 네가 만일 법사를 보면 그를 가볍게 여기는 오만심이나 의심하는 생각을 내지 말지니라. 선남자야! 너는 보살의 위치를 잃고 도리어 다시 침륜함을 받아 물러날까 두렵구나. 저 법사는 계행이 부족하여 범한다거나 처자가 있어도 대소변으로 가사를 더럽히는 위의는 없을 것이니라."

이때 제개장보살이 부처님께 아뢰어 말씀하였다.

"부처님의 가르치심과 같이 하겠습니다."

이에 있어 저 제개장보살이 무수한 보살과, 출가한 무리와, 장자

童子, 童女, 擁從欲興供養, 持其天蓋及諸供具, 寶冠,

珥璫, 莊嚴瓔珞, 指鐶, 寶釧, 憍尸迦等衣服, 繒綵, 臥

具, 復有種種妙華, 所謂優鉢羅華, 矩母那華, 奔拏哩

引迦華, 曼那囉華, 摩訶曼那囉華, 曼殊沙華, 摩訶曼殊

沙華, 優曇鉢羅華, 復有種種樹華, 瞻波迦華, 迦囉尾囉

華, 波吒攞華, 阿底目訖多二合迦華, 嚩飄史二合迦引設

華, 君去哆哩華 蘇摩娜華, 麼哩迦引華。而有鴛鴦, 白

鶴, 舍利飛騰而隨。復有百種 葉青黃赤白紅, 玻胝迦等

色, 復有種種珍果。持如是等供養之物, 往波羅奈大城,

와 동자와 동녀를 옹위함을 좇아 공양하려고 하여 그 천개(天蓋)와 및 모든 공구, 보관, 귀걸이, 장엄한 영락, 가락지, 보배팔찌, 교시가(矯尸迦), 등의 의복, 채색이 된 와구 등을 가졌으며, 다시 또한 여러 가지의 묘한 꽃이 있어 이르는바 우담발화, 구모나화(炬母那), 분다리가화(奔拏俚迦華), 만다라화, 마하만다라화, 만수사화(曼殊沙華)¹⁰⁾, 마하만수사화, 우담발라화, 다시 또 종종의 수화가 있으니, 첨파가화, 가라니라화(迦羅尾羅華), 파타라화(波咤羅華), 아지목걸다가화(阿祇目訖多迦華)¹¹⁾, 바리사카세화(縛票史迦設華)¹²⁾, 군다리화(君多華), 수마나화(蘇摩那)¹³⁾, 마리카화(摩里迦華)¹⁴⁾들이다. 그리고 앵무, 백학, 사리[百舌鳥]가 있어 나르면서 그리하여 따르고 있었다. 다시 또한 백가지 잎이 있어 청, 황, 적, 백, 홍자색, 파지가색이다. 다시 또한 여러 가지 진귀한 과실이 있다. 이와 같은 등의 공양물을 가지고 바라나대성에 가서

---

10) 만수사화 – mañjūṣaka. 白圓華, 如意華, 柔軟華라고도 번역한다. 四種天華 중 하나이다. 꽃송이가 큰 것은 마하마수사화이다. 천상의 꽃으로 鮮白柔軟으로 제천은 이것을 뜻대로 비오게 하여 보는 자로 하여금 惡業을 여의게 한다고 한다.

11) 아지목걸다가화 – atimuktaka. 아지목다가. 한역으로는 龍舐花이다. 흰색이나 붉은색의 꽃이 핀다. 향기가 짙으며 씨는 제련하여 향유를 만든다.
    야차 – yakṣa. 威德, 暴惡 등으로 번역한다. 天夜叉, 地夜叉, 虛空夜叉의 3종이 있다. 천야차와 허공야차는 날아 다니고 지야차는 날지 못한다.

12) 바리사카세화 – varṣika. 바리사화, 자스민의 일종. 여름에 향기가 뛰어난 흰색 꽃을 피운다. 이 꽃으로 향을 만들기 때문에 素馨화라고도 한다.

13) 수마나화 – sumanā. 소마나화, 소마나화, 수만화, 수말나화. 황백색의 향기로운 꽃이 핀다. 悅意 好意 好喜의 뜻을 지니고 있다.

14) 마리카화 – Mallikā. 마리가, 꽃의 이름. 次第華, 자스민의 일종이다.
    마하가라 – Mahākāla. 마하카라. 고대 인도의 전투, 冥府를 주관하는 신. 칼라는 검은색을 의미하여 대 흑천이라 한역한다. 왕의 이름으로 장엄이란 뜻이다.

詣法師所, 到已, 頭面禮足, 雖見彼法師, 戒行缺犯, 無有威儀。以所持繖蓋供具, 香華, 衣服, 莊嚴物等, 大興供養。畢已, 合掌住彼法師前言:

「大法藏, 是甘露味藏, 是甚深法海。由如虛空。一切之人聽汝說法, 天, 龍, 藥叉, 彥達嚩, 阿蘇囉, 誐嚕拏, 摩護囉蘗, 人非人等, 於汝說法之時, 一切皆來聽汝說法。如大金剛, 令諸有情解脫纏縛輪廻之報。彼等有情獲斯福德。此波羅奈大城所住之人, 常見汝故, 諸罪悉滅, 猶如於火, 焚燒林木。如來應正等覺, 了知於汝, 今有無數百千万俱胝那庾多菩薩來詣於汝, 興供養事, 大梵天王, 那羅延天, 大自在天, 日天, 月天, 風天, 水天, 火天, 閻魔法王, 幷四大天王皆來供養。」

是時, 法師白言:

「善男子, 汝爲戲耶? 爲實有所求聖者, 爲於世間, 斷除輪廻煩惱耶? 善男子, 若有得此六字大明王陀羅尼者,

법사의 처소에 이르러 머리를 숙여 발을 예배하며, 비로소 그 법사를 친근하였다. 계행에 결범한 위의가 없었다. 가지고 온 덮개, 공양하는 조도구, 향화, 의복, 장식품 등으로써 크게 공양을 하고 나서 합장하여 그 법사의 앞에 나아가 말하였다.

"대 법장은 곧 이것이 감로의 맛이 감추어진 것입니다. 이것은 심히 깊은 법의 바다로써 마치 허공과 같습니다. 일체의 사람들은 그대의 설법을 듣고자 합니다. 천용, 야차, 언달바, 아수라, 가루라, 마후라가, 인간, 비인간 등이 그대가 법을 설할 때, 모두 다 와서 그대의 설법을 들을 것입니다. 마치 대금강과 같이 하여금 모든 유정들이 걸린 윤회의 업보에서 해탈할 것이며, 저들 유정들은 이러한 복덕을 얻게 될 것입니다. 이 바라나대성에 사는 사람은 항상 그대를 보기 때문에 모든 죄가 다 소멸하는 것이 마치 불에서 나무를 태우는 것과 같습니다. 여래응정등각은 그대를 알고 계십니다. 이제 무수한 백천만구지나유타의 보살들이 있어, 그대에게 와서 공양 하려합니다. 대범천왕, 나라연천, 대자재천, 일천, 월천, 풍천, 수천, 화천, 염마법왕, 및 사대천왕이 모두 다 따라서 공양할 것입니다."

이때 법사가 아뢰어 말씀하였다.

"선남자야! 당신은 나를 희롱합니까? 아니면 실로 구하는 것이 있다는 것입니까? 성자는 세간을 위하여 윤회의 번뇌를 단제 하기 위한 것입니까? 선남자시여! 만약 이 육자대명왕다라니를 얼

是人貪瞋癡三毒不能染汚, 猶如紫磨 金寶, 塵垢不可染著。如是善男子, 此六字大明陀羅尼, 若有戴持在身中者, 是人亦不染著貪瞋癡病。」

爾時, 除蓋障菩薩, 執於彼足白言:

「未具明眼, 迷失妙道, 誰爲引導? 我今渴法, 願濟法味! 今我未得無上正等菩提。令善安住菩提法種, 色身淸淨, 衆善不壞, 令諸有情皆得是法, 衆人說言, 勿懷恪惜! 唯願法師, 與我六字大明王法, 令於我等速得阿耨多羅三藐三菩提, 當轉十二法輪, 救度一切有情輪廻苦惱! 此大明王法, 昔所未聞, 今令我得六字大明王陀羅尼, 無救無依, 爲作恃怙, 闇夜之中爲燃明炬。」

時, 彼法師告言:

는 자가 있으면, 이 사람은 탐진치 삼독에 능히 물들지 아니하는 것이 마치 비유하면, 자마금보가 티끌이나 더러움도 가히 물들이지 못하는 것과 같습니다. 이와 같이 선남자야! 이 육자대명왕다라니를 만약 몸 가운데 받들어 가진 자가 있으면, 이 사람은 또한 탐진치의 병에 물들지 아니할 것입니다."

이때 제개장보살이 저의 발을 잡으면서 아뢰어 말씀하였다.

"아직 밝은 눈을 갖추지 못하여서 미묘한 도를 잃어버렸으니, 누가 이끌어 주겠습니까? 저는 이제 법을 갈망하고 있습니다. 원하오니 법미로써 건져주소서! 이제 저는 아직 무상정등보리를 얻지 못하였습니다. 하여금 보리의 법 중에 안주케 하여서 색신이 청정하여 많은 선을 파괴하지 않게 하시며, 하여금 모든 유정들이 모두 다 이 법을 얻어서 많은 사람에게 설하여서 마음에 아까움을 품지 않게 하소서, 오직 원하오니, 법사께서는 저에게 육자대명왕법을 베풀어서 우리들로 하여금 속히 아뇩다라삼먁삼보리를 얻게 하여서 당연하게 십이법륜을 굴려서 일체 유정들을 윤회의 고뇌에서 구제하여 벗어나게 하소서, 이러한 육자대명왕법은 옛날에도 아직 들은 바가 없었습니다. 이제 나로 하여금 육자대명왕다라니를 얻게 함으로써 구제 받을 곳도 없고, 의지할 곳도 없는 사람에게 믿고 따르게 하여, 어두운 밤중에 밝은 횃불이 되게 하소서!"

때에 저 법사가 고하여 말씀하였다.

「此六字大明王陀羅尼, 難得値遇。如彼金剛不可破壞, 如見無上智, 如無盡智, 如如來淸淨智, 如入無上解脫, 遠離貪瞋癡輪廻苦惱, 如禪解脫, 三摩地, 三摩鉢底, 如入一切法, 而於恒時聖衆愛樂。若有善男子, 於種種處, 爲求解脫, 遵奉種種外道法, 所謂敬事帝釋, 或事白衣, 或事靑衣, 或事日天, 或事大自在天, 那羅延天, 蘗嚕拏中、裸形外道中, 愛樂如是之處。彼等不得解脫, 無明虛妄, 空得修行之名, 徒自疲勞。一切天衆, 大梵天王, 帝釋天主, 那羅延天, 大自在天, 日天, 月天, 風天, 水天, 火天, 閻魔法王, 四大天王, 而於恒時, 云何求我六字大明王? 彼等得我六字大明王, 皆得解脫故。

"이 육자대명왕다라니는 만나기가 어렵습니다. 마치 저 금강과 같아서 가히 파괴하지 못하는 것과 같습니다. 무상지를 본 것과 같으며, 무진지와 같으며, 여래청정지와 같으며, 무상해탈에 들어가는 것과 같습니다. 탐진치의 윤회의 고뇌를 멀리 여의어서 선해탈(善解脫)삼마지[15] 삼마발저[16]와 같으며, 일체법에 들어가는 것과 같아서 그리하여 언제든지 성중을 사랑하고 좋아함이라. 만약 어떤 선남자가 있어 여러 곳에서 해탈을 구하기 위하여 종종의 외도법을 존중하고 받들어 섬겼습니다. 이르는바 제석을 받들어 섬겼으며, 혹은 백의를 섬겼으며, 혹은 청의를 섬겼으며, 혹은 일천을 섬겼으며, 혹은 자재천, 나라연천, 가루라무리와 나형외도[17] 중을 섬겼습니다. 이와 같은 사랑하고 즐기는 곳에 있는 저들은 해탈을 얻지 못하며, 무명하고 허망하여 공연히 수행한다는 이름만 얻어서 다만 스스로 피로할 뿐이다. 일체 천중 대범천왕, 제석천왕, 나라연천, 대 나라연천, 일천, 월천, 풍천, 수천, 화천, 염마법왕, 사대천왕 등이 언제든지 무엇 때문에 나의 육자대명왕다라니를 구하려고 하겠습니까? 저들은 나의 육자대명왕다라니를 얻어서 다 해탈함을 얻기 위한 까닭입니다.

---

15) 선해탈삼마지 - 훌륭하고 완전한 해탈에 들어가기 위한 수행. 모든 삼독의 번뇌를 영원하게 끊기 위한 선정을 말한다.

16) 삼마발저 - samāpatti. 삼마발제, 삼마발지로 음사한다. 空 假 中 三觀을 뜻하며, 三昧 중에 禪定에 속하는 용어이다. 妙定, 等持라고도 한다.

17) 나형외도 - 범어 Nirgrantha. 나체(裸體)외도, 무의(無衣)외도, 니건타라고 한다. 육대외도 중에 하나인 자이나교이다. 니건자 외도의 하나인 空衣派로 大空을 옷으로 삼는다면서 옷을 벗고 알몸으로 생활한다.

除蓋障, 一切如來般若波羅蜜多母, 宣說如是六字大明王, 一切如來應正等覺, 及菩薩衆, 而皆恭敬合掌作禮。

善男子, 此法於大乘中最上, 精純微妙。何以故? 於諸大乘契經, 應頌, 授記, 諷頌, 譬喻, 本生, 方廣, 希法, 論議 中得。善男子, 獲斯本母, 寂靜解脫, 何假多耶? 猶如收精稻穀, 於已舍宅, 器盛盈滿, 日曝令乾, 擣治扇颺, 棄彼糠皮。何以故? 爲收精米。如是餘異瑜伽如彼糠皮。於一切瑜伽中, 此六字大明王, 如糠米見。善男子, 菩薩爲斯法故, 行施波羅蜜多及持戒, 忍辱, 精進, 靜慮, 般若波羅蜜多。善男子, 此六字大明王, 難得值遇, 但念一徧, 是人當得一切如來, 以衣服, 飲食, 湯藥及座臥等資具, 一切供養。」

爾時, 除蓋障菩薩白法師言：

「與我六字大明陀羅尼。」

제개장보살이시여! 일체여래 반야바라밀다모가 이와 같은 육자대명왕다라니를 선설 하십니다. 일체 여래응정등각 및 보살들이 그리하여 모두 공경하고 합장하며, 예배하였습니다. 선남자야! 이 법은 대승 가운데 최상으로 정순하고 미묘한 것입니다. 무슨 까닭인가? 하면 저 모든 대승의 계경, 응송, 수기, 풍송, 비유, 본생, 방광, 희법, 론의 등, 이 가운데서 얻은 것입니다. 선남자야! 이러한 본모를 얻으면 적정한 해탈을 할 것입니다. 어찌 거짓으로 다반사를 이루겠습니까? 비유하면, 마치 정미롭게 찧은 곡식을 거두어들여서 집에 그릇에 가득 담아 뜨거운 햇빛에 하여금 말려서 찧고 다듬고 부채질하여 날려서 저 겨를 버리는 것과 같습니다. 무슨 까닭인가? 하면, 정미로운 알곡만을 거두기 위한 것입니다. 이와 같이 남은 다른 유가는 저 겨와 같음이요, 일체 유가 중에 있어서 이 육자대명왕다라니는 겨가 아닌 알곡을 보는 것과 같습니다. 선남자야! 보살이 이 법을 위하는 고로 보시바라밀 및 지계, 인욕, 정진, 정려, 반야바라밀다를 행하는 것입니다. 선남자야! 이 육자대명왕다라니는 만나기 어렵습니다. 다만 일편만 염송하여도 이 사람은 마땅히 일체 여래에게 의복과 음식과 탕약 및 자리와 와구 등 일체 자구로써 공양함을 얻은 것과 같은 것입니다.”

이때 제개장보살이 법사에게 아뢰어 말씀하였다.

“저에게 육자대명왕다라니를 베풀어주소서!”

時, 彼法師正念思惟, 而於虛空忽有聲云 :

「聖者! 與是六字大明王。」

時, 彼法師思惟 :

「是聲從何而出?」

於虛空中復出聲云 :

「聖者! 今此菩薩加行志求, 冥應與是六字大明王矣。」

時, 彼法師觀見虛空中 蓮華手蓮華吉祥, 如秋月色, 髮髻寶冠頂戴, 一切智, 殊妙莊嚴。見如是身相, 法師告除蓋障言 :

「善男子, 觀自在菩薩摩訶薩可令與汝六字大明王陀羅尼, 汝應諦聽。」

時, 彼合掌虔恭, 聽是六字大明王陀羅尼曰 :

「唵引 麼抳鉢 訥銘二合引 吽引.」

於是與彼陀羅尼時, 其地悉皆六種震動。

때에 저 법사가 정념으로 사유할 때, 저 허공에서 홀연히 소리가 있어 들렸습니다.

"성자야! 이 육자대명왕다라니를 베풀어라."

때에 저 법사가 생각하였습니다.

'이 소리는 어디에서부터 쫓아 나오는가?'

허공 가운데서 다시 소리가 들렸다.

"성자야! 이제 이 보살은 가행을 지극히 구하여 이 육자 대명왕 다라니와 더불어 명합하여 감응코자 할 뿐이니라."

때에 저 법사가 허공 가운데를 관하여 보았다. 연화수[18), 연화길 상이 있어 마치 가을 달빛과 같은 색의 머리에 보관을 쓰고 일체 지 수묘한 것으로 장엄하여 계셨다. 이와 같은 신상을 보고 법사 가 제개장보살에게 고하여 말하였다.

"선남자야! 관자재보살마하살은 가히 하여금 너에게 육자대명왕 다라니를 베풀어라, 하셨다. 너는 응당히 자세하게 들을지니라."

때에 저가 합장하고 경건하게 공경하면서 이 육자대명왕다라니 를 들었다.

"옴 마 니 반 메 훔"

이에 있어서 저 다라니를 베풀 때, 그 땅이 모두 다 육종으로 진

---

18) 연화수보살 - Padmapāṇi. 연꽃을 들고 있는 보살로써 성관자재보살의 다른 이름. 대비로자나
    불이 집금강보살 보현보살 연화수보살 등의 형상으로 나타나 시방의 그 어디에서나 진언도
    의 청정구법을 설한다고 대일경에 나와 있다.

除蓋障菩薩得此三摩地時, 復得微妙慧三摩地、發起慈悲三摩地, 相應行三摩地。得是三摩地已, 時, 除蓋障菩薩摩訶薩, 以四大洲滿中七寶, 奉獻供養法師, 於是法師告言:

「今所供養, 未直一字, 云何供養六字大明? 不受汝供。善男子, 汝是菩薩聖者, 非非聖者。」

彼除蓋障, 復以價直百千眞珠, 瓔珞供養法師, 時, 彼法師言:

「善男子當聽我言。汝應持此, 供養釋迦牟尼如來應正等覺。」

爾時, 除蓋障菩薩頭面禮法師足, 已旣獲滿足其意, 辭彼而去。而復往詣祇陀林園, 到已, 頂禮佛足。

爾時, 世尊釋迦牟尼如來、應正等覺告言:

「善男子, 知汝已有所得?」

「如是世尊。」

동하였다. 제개장보살이 이 삼마지를 얻을 때 다시 미묘혜삼마지, 발기자비삼마지, 상응행삼마지를 얻었다. 이 삼마지를 얻고 나서 때에 제개장보살마하살이 사대주에 가득한 칠보로써 법사에게 받들어 공양하여 올렸다.

이에 법사가 고하여 말씀하였다.

"지금 공양한 바는 아직 한 글자의 값어치도 못 되느니라. 어찌 육자대명왕다라니에 공양함이겠는가?. 너의 공양을 받지 아니하리라. 선남자야! 너는 이 보살성자요, 비성자가 아니기 때문이니라."

저 제개장보살이 다시 값진 백천 진주 영락으로서 법사에게 공양하였다. 때에 저 법사가 말하였다.

"선남자야! 마땅히 자세하게 나의 말을 들어라. 너는 마땅히 이것을 가지고 석가모니여래응정각에게 공양할지니라."

이때 제개장보살이 얼굴로써 법사의 발에 예를 하고 나서 이미 만족함을 얻었다는 그 뜻으로 사의를 표하고 저곳에서 떠나가느니라. 그리하여 다시 기타림원에 도착하여 이마를 부처님 발에 예배하였다.

이때 부처님이신 석가모니여래응정등각께서 고하여 말씀하시었다.

"선남자야! 너는 얻은 바가 있다는 것을 알겠느냐?

'이와 같습니다. 부처님이시여!'

而於是時, 有七十七俱胝如來應正等覺皆來集會。彼
諸如來同說陀羅尼曰：

「曩莫入颸鉢哆二合引喃引二三藐訖 三二合没馱引三句引致
喃引四怛你也二合反 他去五唵引左隸引祖肆引噂上襧引六 娑
嚩二合引賀引七.」

於是, 七十七俱胝如來應正等覺, 說此陀羅尼時, 彼觀
自在菩薩身, 有一 毛孔, 名曰光明。是中有無數百千万
俱胝那庾多菩薩, 於彼日光明毛孔中, 復有一万二千金
山, 其一一山, 各千二百峯, 其山周匝, 蓮華色寶以爲莊
嚴, 而於周匝, 有天摩尼寶適意園林, 又有種種天池, 又
有無數百千万金寶莊嚴樓閣, 上懸百千衣服, 眞珠, 瓔
珞, 彼樓閣中, 有微妙如意寶珠, 供給彼諸菩薩摩訶薩,
一切所須資具。時, 諸菩薩入樓閣中, 而念六字大明。
是時, 見涅盤地, 到彼涅盤之地, 見於如來, 觀見觀自在
菩薩摩訶薩, 心生歡喜。
於是, 菩薩出彼樓閣, 往經行處, 而於其中, 有諸寶園,
而復往詣浴池, 復往蓮華色寶山, 在於一面, 結跏趺坐,
而入三昧。

이때 77구지여래응정등각이 있어 모두 다 와서 회에 모이었다. 저 모든 여래가 함께 다라니를 설하여 말씀하였다.

"나모 사다남 삼먁 삼못다 구치남 단야타옴 자례주례 준제 사파하."

이 77구지 여래응정등각이 이 다라니를 설할 때, 저 관자재보살의 몸 가운데 하나의 털구멍이 있어 이름이 일광명이라. 이 가운데 무수백천만구지나유타보살이 계시었다. 저 일광명 털구멍 가운데 다시 일만이천금산이 있다. 그 하나하나의 산에 각각 천이백 봉우리가 있다. 그 산 주위에 연화 및 보배로써 장엄하였다. 또 주위에 천마니 보배로 뜻에 맞는 원림이 둘려져 있으며, 또 여러 개의 청정한 못이 있으며, 또 무수백천만 금보로 장엄 된 누각이 있으며, 위에는 백천의 의복과 진주 영락이 걸려 있으며, 저 누각 가운데 미묘한 여의보배 구슬이 있어 저 모든 보살마하살에게 공급하니, 일체 쓰이는바 자구들을 공급함이라. 때에 모든 보살이 누각 가운데 들어가서 그리하여 육자대명왕다라니를 염송한다. 이때 열반의 경지가 보이며, 저 열반의 경지에 올라서 여래를 친근하고 관자재보살마하살을 관하여 친근하니, 마음에 환희심이 일어날 것이니라.

이에 보살이 저 누각에서 나와서 경행처로 갔느니라. 그 가운데 많은 보배의 동산이 있다. 다시 목욕지로 갔다가, 다시 연화 빛 보배산으로 가서 저 일면에서 결가부좌로 삼매에 들어가느니라.

如是善男子, 菩薩住彼毛孔。善男子, 復有毛孔, 名帝釋王。其中有無數百千万俱胝那庾多不退轉菩薩。於是, 帝釋王毛孔中, 復有八万天金寶山, 於其山中, 有如意摩尼寶, 名蓮華光, 隨彼菩薩心所思惟, 皆得成就, 時, 彼菩薩, 於彼山中, 若念飲食, 無不滿足, 而無輪廻煩惱之苦, 恒時思惟其身, 無異思惟。善男子, 復有毛孔, 名曰大藥。於中有無數百千万俱胝那庾多初發心菩薩。善男子, 於彼毛孔, 有九万九千山, 於此山中, 有金剛寶窟, 金寶窟, 銀寶窟, 帝靑寶窟, 蓮華色寶窟, 綠色寶窟, 玻胝迦色寶窟。如是山王有八萬峯, 種種適意, 摩尼及諸妙寶莊嚴其上, 於彼峯中, 有彥達嚩衆, 恒奏樂音, 彼初發心菩薩思惟 空, 無相, 無我, 生苦, 老苦, 病苦, 死苦, 愛別離苦, 怨憎會苦, 墮阿鼻地獄苦, 墮黑繩地獄諸有情苦, 墮餓鬼趣 諸有情苦。作是思惟 時結跏趺坐而入三昧,

이와 같이 선남자야! 보살이 저 털구멍에서 머무르시느니라. 선
남자야! 다시 또 털구멍이 있다. 이름이 제석천왕이라. 그 가운
데 무수한 백천만구지나유타의 불퇴전보살이 계시었다. 이 제석
천왕 털구멍 가운데서 다시 또 8만의 천금보산이 있다. 그 산 가
운데 여의마니보가 있어서 이름이 연화광이라, 저 보살이 마음에
생각하는 바를 따라서 다 성취함을 얻었느니라.

때에 저 보살이 저 산중에서 만약 음식을 생각하면 만족하지 아
니함이 없으며, 그리하여 윤회번뇌의 괴로움이 없어서 항상 생각
하기를 그 몸이 다름이 없기를 생각하느니라.

선남자야! 다시 또 털구멍이 있다. 이름이 대락이라. 그 가운데
무수한 백천만구지나유타의 초발심보살이 계신다. 선남자야! 저
털구멍에는 구만구천 산이 있어 이 산중에 금강보굴, 금보굴, 은
보굴, 제청보굴, 연화색보굴, 록색보굴, 파지가색보굴이 있다. 이
와 같은 산왕에 8만 봉우리가 가지가지 뜻에 맞추어 장엄 되어
있다. 마니 및 모든 미묘한 보배로 그 위를 장엄하였으며, 저 봉
우리 가운데에 언달바 무리가 있어서 항상 음악을 연주한다. 저
초발심보살들은 공, 무상, 무아, 태어나는 괴로움과, 늙는 괴로움
과, 병고와, 죽음의 괴로움과, 애별이고와, 원증회고와, 아비지옥
에 떨어지는 고와, 흑승지옥에 떨어지는 모든 유정들의 고와, 아
귀취에 떨어지는 모든 유정들의 고를 생각하였느니라. 이러한 생
각을 지을 때 결가부좌하고 그리하여 삼마지에 들어가서 저 산

於彼山中而住。善男子, 有一毛孔, 名續畫王。是中有無數百千万俱胝那庾多緣覺衆, 現火熖光。於彼毛孔, 有百千万山王, 彼諸山王七寶莊嚴, 復有種種劫樹, 金銀爲葉, 無數百寶種種莊嚴, 上懸寶冠, 珥璫, 衣服, 種種瓔珞, 懸諸寶鈴, 憍尸迦衣, 復有金銀寶鈴震響丁丁, 如是劫樹充滿山中, 無數緣覺於彼而住, 常說契經, 應頌, 授記, 諷頌, 譬喻, 本生, 方廣, 希法, 論議, 如是之法。

「除蓋障, 時諸緣覺出彼毛孔。最後有一毛孔, 名曰幡王。廣八万踰繕那, 於中有八万山, 種種妙寶, 及適意摩尼, 以爲嚴飾, 彼山王中, 有無數劫樹, 無數百千万栴檀香樹, 無數百千万大樹, 復有金剛寶地, 復有九十九樓閣, 上懸百千万金寶, 眞珠, 瓔珞, 衣服, 於彼毛孔如是出現。」

爲除蓋障說已。爾時, 佛告阿難陀:

중에 머무느니라. 선남자야! 또한, 털구멍이 있다. 이름이 귀주왕이라. 이 가운데 무수한 백천만구지나유타의 연각의 무리가 계신다. 불꽃의 빛이 나타나며, 저 털구멍에 백천만 산왕이 있어서 저 모든 산왕은 칠보로 장엄 되었다. 다시 또 종종의 겁수가 있어 금은으로 잎이 되고, 무수한 백가지 보배로 가지가지 장엄 하였다. 위에는 보관, 귀걸이, 의복, 종종 영락이 장식되어 있고, 모든 보배요령과 교시가의가 장식되어 있다.

다시 또한 금은보배요령이 진동하여 쟁쟁 소리를 내고 있었다. 이와 같은 겁수가 산중에 충만한데 무수한 연각들이 저에 머무르면서 항상 계경, 응송, 수기, 풍송, 비유, 본생, 방광, 희법, 론의 이와 같은 법을 선설 하시었느니라.

제개장보살아! 때에 모든 연각이 저 털구멍에서 나오는 것을 보았느니라. 최후 한 털구멍이 있다. 이름이 번왕이라. 넓기가 8만 유선나요, 그 가운데 8만 산이 있으며, 가지가지 미묘한 보배 및 뜻에 맞는 마니로써 장식이 되어있다. 저 산왕 중에 무수한 겁수와 무수한 백천만 전단향수와 무수한 백천만 대수가 있다. 다시 또 금강보배 땅이 있으며, 다시 또 99 누각이 있어서 위에 백천만 금보 진주 영락 의복이 장식되어 있으며, 저 털구멍이 이와 같은 것을 출현하고 있는 것이니라."

제개장보살을 위하여 말씀하시기를 마치었다.

이때 부처님이 아난타에게 고하여 말씀하시었다.

「若有不知業報, 於精舍內, 洟唾及大小便利等, 今爲
汝說。若於常住地洟唾者, 是人生於娑羅樹中, 爲針口
蟲, 經十二年, 若於常住地大小便利者, 是人於波羅奈
大城大小便利中, 生爲穢污蟲。若私用常住齒木者, 墮
在龜魚及摩竭魚中生。若盜用常住油麻米豆等者, 墮
在餓鬼趣中, 頭髮蓬亂, 身毛皆豎, 腹大如山, 其咽如
針, 燒燃枯燋, 唯殘骸骨, 是人受斯苦報。若輕慢衆僧
者, 是人當墮貧賤家生, 隨所生處, 根相不具, 背傴矬
陋, 捨是身已, 而復生處, 多病, 痟瘦, 手足攣躄, 而有膿
血, 盈流其身, 零落身肉, 經百千万歲受斯苦報。若盜
用常住地者, 墮大號叫地獄中, 口吞鐵丸, 脣齒斷齶, 及
其咽喉, 悉燒爛壞,

"만약 어떤 업보를 알지 못하는 사람이 저 정사 내에서 코를 풀거나 침을 뱉거나 및 대소변을 보는 자가 있으면, 지금 너희들을 위하여 설할지니라. 만약 상주물인 땅에 침을 뱉는 자는 이 사람을 사라수 가운데 태어나서 바늘잎 벌레가 되어서 12년을 지날 것이다. 만약 저 상주물인 땅에 대소변을 보는 자는 이 사람은 저 바라나대성에 대소변 가운데 더러운 벌레로 태어날 것이다. 만약 상주물인 치목을 사사로이 사용하면, 거북이나 및 마갈어 가운데 떨어져 태어나게 될 것이다. 만약 상주물인 기름 삼 쌀 콩 등을 도둑질하여 쓰면 아귀취 가운데 떨어져서 머리카락은 삼대 같이 흩어지고 몸의 털은 다 곤두서고 배는 커서 산과 같고 그 입은 바늘과 같아서 불꽃이 타오르고 고초가 심하여 오로지 해골만 남을 것이라, 이러한 사람은 이 고통의 과보를 받게 되느니라. 만약 대중 승을 경만 하는 자는 이 사람은 마땅히 빈천한 가정에 떨어져 태어나서 태어나는 바를 따라서 육근이 서로 갖추지 못하며, 곱사등이로 키가 작고 얼굴이 못생기며 이 몸을 버린 뒤에는 다시 또 태어나는 곳이 병이 많아서 머리가 아프고 몸이 쇠약하여지며, 수족이 오그라져 퍼지지 아니할 것이며, 그러면서 고름 피가 가득 흘러 그 몸의 살점이 떨어져서 백천만세를 지나도록 이 괴로운 과보를 받게 될 것이다. 만약 상주 땅을 도둑질하여 사용하는 자는 큰 소리로 절규하는 지옥에 떨어져서 입으로 철환을 삼키고 입술과 이빨이 빠지고 문드러지며, 및 그 목구멍이 다 타

心肝腸胃徧體燋然, 時有苾芻言:

「業風吹彼, 死而復活。於是閻魔獄卒驅領罪人, 彼自業感, 生於大舌, 有百千万鐵犁耕彼舌上。受是苦報, 經多千万年, 於此地獄出已, 復入大火鑊地獄, 彼有閻魔獄卒驅領罪人, 以百千万針刺其舌上, 業力故活, 驅至火坑而擲入中, 又驅至奈河而擲入中, 而亦不死, 如是展轉入餘地獄, 經歷三劫, 是人復於南贍部洲貧賤家生, 其身盲瞑。受斯苦報。」

愼勿盜用常住財物。若苾芻持戒, 應受持三衣。若入王宮, 應當披持第一大衣, 若常眾中, 應當披持第二衣, 若作務時, 或入村落, 或入城隍, 或道行時, 應當披持第三衣。苾芻應如是受持三衣, 若得戒, 得功德, 得智慧, 我說苾芻。應持是戒, 不得盜用常住財物。

고 파괴되며, 심장 간장 위장의 체가 두루 탈 때 어떤 비구가 있어 말하였다.

'업풍이 저곳에 불면 죽었다가 다시 살아나며, 이에 있어 이 염마옥졸이 죄인을 끌고 저 스스로 업을 감당하나 큰 혀가 소생하여 백천만의 철로 그 혓바닥을 갈아서 이러한 괴로움의 과보를 다 천만년이 지나도록 받다가 이 지옥에서 나오면 다시 대화탕지옥에 들어간다. 저 염마옥졸이 있어 죄인을 끌고 가서 백천만 바늘로 그 혀를 찌르되 업력으로 살아나서 불구덩이로 끌고 가 그 가운데 던져지며, 또 내하로 끌고 가서 그 가운데 던져져서 그리하여도 죽지 아니하며 이와 같이 나머지 지옥으로 전전하여 삼겁을 지나면, 이 사람은 다시 저 남섬부주에 있는 가난한 가정에 태어나되 그 몸은 맹인이라 이러한 고통의 과보를 받을 것이니라.'

그러므로 상주재물을 도둑질하여 씀을 삼가할지니라. 만약 비구가 계를 가져 마땅히 삼의로 받아 가질지니라. 만약 왕궁에 들어갈 때는 응당 제일 대의를 입을 것이며, 만약 수행승 대중 가운데는 응당 제2 옷을 입을 것이며, 만약 작업할 때나 혹 마을에 들어갈 때나 혹은 성황에 들어가거나 혹은 길을 갈 때는 응당 제3의를 입을 것이니라. 비구가 이와 같은 삼의를 수지하면, 만약 계를 얻고 공덕을 얻고 지혜를 얻을 것이니라. 내가 비구에게 설하리니라. 응당히 이 계를 가지고, 상주재물을 도용하지 아니하면 비유하면 마치 저 불구덩이에 상주하는 것과 같으며, 또 저 독약에

猶如火坑常住, 如毒藥常住, 如重擔毒藥, 可能救療, 若
盜用常住物者, 無能救濟。」

爾時, 具壽阿難陀白世尊言:

「如佛教敕, 當具行學。若苾芻受持別解脫, 應善安住
守護世尊學處。」

時, 具壽阿難陀頂禮佛足, 遠已而退。時, 諸大聲聞各
各退還本處, 一切世間天, 龍, 藥叉, 彥達嚩, 阿蘇囉, 蘗
嚕拏, 緊那囉, 摩護囉誐, 人非人等, 聞佛說已, 歡喜信
受, 禮佛而退。

佛說大乘莊嚴寶王經 卷第四 終。

상주하는 것과 같으며, 또 거듭 독약을 첨가하여도 가히 능히 구제하여 치료할 수 없는 것과 같으며, 만약 상주물을 도용하는 자는 능히 구제하지 못하느니라."

이때 구수 아난타가 부처님께 아뢰어 말씀하였다.

"부처님의 가르침과 같이 마땅히 수행하여 배움을 갖추겠나이다. 만약 비구가 따로 해탈을 받고자 한다면 응당히 잘 부처님의 가르침에 안주하여 수호하겠나이다."

때에 구수 아난타가 이마로 부처님 발에 예배하고 돌면서 물려갔다. 때에 모든 대성문도 각각 물러나 본래의 처소로 돌아갔으며, 일체세간 천, 용, 야차, 아수라, 가루라, 긴나라, 마후라가, 인비인 등도 부처님 말씀을 듣고 나서 환희 신수하여 부처님에게 예배를 올리고 모두 물러났다.

불설대승장엄보왕경 권제4 마침.

金剛頂瑜伽三十七尊禮

금강정유가삼십칠존예 역해·최종웅 혜정 종사

金剛頂瑜伽三十七尊禮

唐特進試鴻臚卿三藏沙門大廣智不空 奉 詔譯

南慕清淨法身毘盧遮那佛

南慕金剛堅固自性身阿閦佛

南慕功德莊嚴聚身寶生佛

南慕受用智慧身阿彌陀佛

南慕作變化身不空成就佛

南慕大圓鏡智金剛波羅蜜出生。盡虛空遍法界一切波
羅蜜菩薩摩訶薩

南慕平等性智寶波羅蜜出生。盡虛空遍法界一切波羅
蜜菩薩摩訶薩

금강정유가삼십칠존예

청정법신(淸淨法身) 비로자나부처님께[1] 귀명합니다.

금강견고자성신(金剛堅固自性身) 아축부처님께 귀명합니다.

공덕장엄취신(功德莊嚴聚身) 보생부처님께 귀명합니다.

수용지혜신(受用智慧身) 아미타부처님께 귀명합니다.

작변화신(作變化身) 불공성취부처님께 귀명합니다.

대원경지(大圓鏡智) 금강바라밀(金剛波羅蜜)[2]로부터 출생하시어서 허공이 다하도록 법계에 두루 하신 일체의 바라밀보살마하살님께 귀명합니다.

평등성지(平等性智) 보바라밀(寶波羅蜜)로부터 출생하시어사 허공이 다하도록 법계에 두루 하신 일체의 바라밀보살마하살님께 귀명합니다.

---

1) 비로자나불 – 마하비로자나불에는 理法身과 智法身이 있다. 이경에서는 지법신을 말한다. 우주법계에 무형으로 나타나는 진리적 부처님. 본래 형상이 없다이불과 방편적 형상을 나타내는 지불이 있다. 법신비로자나불을 형상으로 조성한 분이 곧 지법신인 비로자나불이다.
2) 이하 4바라밀보살은 비로자나불의 지법신으로 활동하는 보살이다.

南慕妙觀察智法波羅蜜出生。盡虛空遍法界一切波羅
蜜菩薩摩訶薩

南慕成所作智業波羅蜜出生。盡虛空遍法界一切波羅
蜜菩薩摩訶薩

南慕一切如來菩提心金剛薩埵菩薩等。盡虛空遍法界
同一體性金剛界生身一切菩薩摩訶薩

南慕一切如來菩提心金剛王菩薩等。 盡虛空遍法界同
一體性金剛界生身一切菩薩摩訶薩

南慕一切如來菩提心金剛欲菩薩等出生。盡虛空遍法
界一切波羅蜜菩薩摩訶薩

南慕一切如來菩提心金剛善哉菩薩等出生。盡虛空遍
法界一切波羅蜜菩薩摩訶薩

묘관찰지(妙觀察智) 법바라밀(法波羅蜜)로부터 출생하시어서 허공이 다하도록 법계에 두루 하신 일체의 바라밀보살마하살님께 귀명합니다.

성소작지(成所作智) 업바라밀(業波羅蜜)로부터 출생하시어서 허공이 다하도록 법계에 두루 하신 일체의 바라밀보살마하살님께 귀명합니다.

일체여래 보리심 금강살타보살(金剛薩埵菩薩)[3] 등 허공이 다하도록 법계에 두루 하며 동일한 체성으로 금강계에서 출생한 몸이신 일체의 보살마하살님께 귀명합니다.

일체여래 보리심 금강왕보살(金剛王菩薩) 등 허공이 다하도록 법계에 두루 하며 동일한 체성으로 금강계에서 출생한 몸이신 일체의 보살마하살님께 귀명합니다.

일체여래 보리심 금강애보살(金剛愛菩薩) 등으로 출생하시어서 허공이 다하도록 법계에 두루 하신 일체의 바라밀보살마하살님께 귀명합니다.

일체여래 보리심 금강선재보살(金剛善哉菩薩) 등으로 출생하시어서 허공이 다하도록 법계에 두루 하신 일체의 바라밀보살마하살님께 귀명합니다.

---

[3] 이하는 16대보살이다. 금강살타는 곧 일체여래의 상수보살이며 법신비로자나불의 법을 잇는 보살이다.

南慕一切如來功德聚金剛寶菩薩等出生。盡虛空遍法
界一切波羅蜜菩薩摩訶薩

南慕一切如來功德聚金剛光菩薩等出生。盡虛空遍法
界一切波羅蜜菩薩摩訶薩

南慕一切如來功德聚金剛幢菩薩等出生。盡虛空遍法
界一切波羅蜜菩薩摩訶薩

南慕一切如來功德聚金剛笑菩薩等出生。盡虛空遍法
界一切波羅蜜菩薩摩訶薩

南慕一切如來智慧門金剛法菩薩等出生。盡虛空遍法
界一切波羅蜜菩薩摩訶薩

南慕一切如來智慧門金剛利菩薩等出生。盡虛空遍法
界一切波羅蜜菩薩摩訶薩

일체여래 공덕취(功德聚) 금강보보살(金剛寶菩薩) 등으로 출생하시어서 허공이 다하도록 법계에 두루 하신 일체의 바라밀보살마하살님께 귀명합니다.

일체여래 공덕취 금강광보살(金剛光菩薩) 등으로 출생하시어서 허공이 다하도록 법계에 두루 하신 일체의 바라밀보살마하살님께 귀명합니다.

일체여래 공덕취 금강당보살(金剛幢菩薩) 등으로 출생하시어서 허공이 다하도록 법계에 두루 하신 일체의 바라밀보살마하살님께 귀명합니다.

일체여래 공덕취 금강소보살(金剛笑菩薩) 등으로 출생하시어서 허공이 다하도록 법계에 두루 하신 일체의 바라밀보살마하살님께 귀명합니다.

일체여래 지혜문(智慧門) 금강법보살(金剛法菩薩) 등으로 출생하시어서 허공이 다하도록 법계에 두루 하신 일체의 바라밀보살마하살님께 귀명합니다.

일체여래 지혜문 금강리보살(金剛利菩薩) 등으로 출생하시어서 허공이 다하도록 법계에 두루 하신 일체의 바라밀보살마하살님께 귀명합니다.

南慕一切如來智慧門金剛因菩薩等出生。盡虛空遍法
界一切波羅蜜菩薩摩訶薩

南慕一切如來智慧門金剛語菩薩等出生。盡虛空遍法
界一切波羅蜜菩薩摩訶薩

南慕一切如來大精進金剛業菩薩等出生。盡虛空遍法
界一切波羅蜜菩薩摩訶薩

南慕一切如來大精進金剛護菩薩等出生。盡虛空遍法
界一切波羅蜜菩薩摩訶薩

南慕一切如來大精進金剛牙菩薩等出生。盡虛空遍法
界一切波羅蜜菩薩摩訶薩

南慕一切如來大精進金剛拳菩薩等出生。盡虛空遍法
界一切波羅蜜菩薩摩訶薩

일체여래 지혜문 금강인보살(金剛因菩薩) 등으로 출생하시어서 허공이 다하도록 법계에 두루 하신 일체의 바라밀보살마하살님께 귀명합니다.

일체여래 지혜문 금강어보살(金剛語菩薩) 등으로 출생하시어서 허공이 다하도록 법계에 두루 하신 일체의 바라밀보살마하살님께 귀명합니다.

일체여래 대정진(大精進) 금강업보살(金剛業菩薩) 등으로 출생하시어서 허공이 다하도록 법계에 두루 하신 일체의 바라밀보살마하살님께 귀명합니다.

일체여래 대정진 금강호보살(金剛護菩薩) 등으로 출생하시어서 허공이 다하도록 법계에 두루 하신 일체의 바라밀보살마하살님께 귀명합니다.

일체여래 대정진 금강아보살(金剛牙菩薩) 등으로 출생하시어서 허공이 다하도록 법계에 두루 하신 일체의 바라밀보살마하살님께 귀명합니다.

일체여래 대정진 금강권보살(金剛拳菩薩) 등으로 출생하시어서 허공이 다하도록 법계에 두루 하신 일체의 바라밀보살마하살님께 귀명합니다.

南慕一切如來適悅心金剛嬉戲菩薩等出生。盡虛空遍
法界同一體性金剛界生身一切供養海雲菩薩摩訶薩

南慕一切如來離垢繒金剛鬘菩薩等出生。盡虛空遍法
界一切波羅蜜菩薩摩訶薩

南慕一切如來妙法音金剛歌菩薩等出生。盡虛空遍法
界一切波羅蜜菩薩摩訶薩

南慕一切如來神通業金剛舞菩薩等出生。盡虛空遍法
界一切波羅蜜菩薩摩訶薩

南慕一切如來眞如薰金剛焚香菩薩等出生。盡虛空遍
法界一切波羅蜜菩薩摩訶薩

南慕一切如來勝莊嚴金剛華菩薩等出生。盡虛空遍法
界一切波羅蜜菩薩摩訶薩

일체여래 적열심(適悅心) 금강희희보살(金剛嬉戱菩薩)[4] 등으로 출생하시어서 허공이 다하도록 법계에 두루 하시며 동일한 체성으로 금강계에서 출생한 몸이신 일체의 구름과 바다같은 공양의 보살마하살님께 귀명합니다.

일체여래 이구증(離垢繒) 금강만보살(金剛鬘菩薩) 등으로 출생하시어서 허공이 다하도록 법계에 두루 하신 일체의 바라밀보살마하살님께 귀명합니다.

일체여래 묘법음(妙法音) 금강가보살(金剛歌菩薩) 등으로 출생하시어서 허공이 다하도록 법계에 두루 하신 일체의 바라밀보살마하살님께 귀명합니다.

일체여래 신통업(神通業) 금강무보살(金剛舞菩薩) 등으로 출생하시어서 허공이 다하도록 법계에 두루 하신 일체의 바라밀보살마하살님께 귀명합니다.

일체여래 진여훈(眞如薰) 금강분향보살(金剛焚香菩薩) 등으로 출생하시어서 허공이 다하도록 법계에 두루 하신 일체의 바라밀보살마하살님께 귀명합니다.

일체여래 승장엄(勝莊嚴) 금강화보살(金剛華菩薩) 등으로 출생하시어서 허공이 다하도록 법계에 두루 하신 일체의 바라밀보살마하살님께 귀명합니다.

---

4) 이하는 8공양보살이다. 앞의 4보살은 내공양보살이요, 뒤의 4보살은 외공양보살이다. 내공양이란 마음의 공양이요 외공양이란 현물의 공양을 뜻한다.

南慕一切如來常普照金剛燈菩薩等出生。盡虛空遍法
界一切波羅蜜菩薩摩訶薩
南慕一切如來戒清涼金剛塗香菩薩等出生。盡虛空遍
法界一切波羅蜜菩薩摩訶薩

南慕一切如來四攝智金剛鉤菩薩等出生。盡虛空遍法
界同一體性金剛界生身一切成辦波羅蜜菩薩摩訶薩
南慕一切如來善巧智金剛索菩薩等出生。盡虛空遍法
界同一體性金剛界生身一切奉教波羅蜜菩薩摩訶薩
南慕一切如來堅固智金剛鎖菩薩等出生。盡虛空遍法
界同一體性金剛界生身一切如來使者波羅蜜菩薩摩訶
薩

일체여래 상보조(常普照) 금강등보살(金剛燈菩薩) 등으로 출생하시어서 허공이 다하도록 법계에 두루 하신 일체의 바라밀보살마하살님께 귀명합니다.

일체여래 계청량(戒淸凉) 금강도향보살(金剛塗香菩薩) 등으로 출생하시어서 허공이 다하도록 법계에 두루 하신 일체의 바라밀보살마하살님께 귀명합니다.

일체여래 사섭지(四攝智)[5] 금강구보살(金剛鉤菩薩) 등으로 출생하시어서 허공이 다하도록 법계에 두루 하시며 동일한 체성으로 금강계생신이신 일체의 성변(成辨) 바라밀보살마하살님께 귀명합니다.

일체여래 선교지(善巧智) 금강색보살(金剛索菩薩) 등으로 출생하시어서 허공이 다하도록 법계에 두루 하시며 동일한 체성으로 금강계생신이신 일체의 봉교(奉敎) 바라밀보살마하살님께 귀명합니다.

일체여래 견고지(堅固智) 금강쇄보살(金剛鎖菩薩) 등으로 출생하시어서 허공이 다하도록 법계에 두루 하시며 동일한 체성으로 금강계생신이신 일체여래 사자(使者) 바라밀보살마하살님께 귀명합니다.

---

5)　이하는 사섭보살이다. 법신비로자나불의 중생교화를 이 4보살을 통하여 성취시키는 보살이다.

南慕一切如來歡樂智金剛鈴菩薩等出生。盡虛空遍法
界同一體性金剛界生身一切如來隨順波羅蜜菩薩摩訶
薩

普爲梵釋四王天龍八部帝主人王師僧父母。及善知識
道場衆等法界有情。並願斷除諸障。歸命懺悔至心懺
悔。弟子衆等。自從無始曠大劫來。至于今日。迷無我
覺。計有我人。我計旣興。常緣我所。根塵浩繞。識陰
奔波。擊動身心。猶如電轉。
清淨眼耳鼻舌身意。一念不覺。翻作六師。偸法王財。
供邊見賊。賊旣熾盛。破涅槃城。殘害法身。焚燒慧命。
如此等罪。數越塵沙。

일체여래 환락지(歡樂智) 금강령보살(金剛鈴菩薩) 등으로 출생하시어서 허공이 다하도록 법계에 두루 하시며 동일한 체성으로 금강계생신이신 일체여래 수순(隨順) 바라밀보살마하살님께 귀명합니다.

널리 범석(梵釋)⁶⁾ 사왕(四王)과 천룡팔부(天龍八部)와 제왕(帝王)과 인왕(人王)과 사승(師僧)과 부모와 및 선지식 도량중(道場衆) 등의 법계유정(法界有情)을 위하여, 아울러 모든 장애를 단제 하기를 원하옵니다. 귀명하고 참회하며 지심으로 참회하나이다. 제자 등은 무시광대겁으로부터 금일에 이르기까지 무아(無我)의 깨달음이 어두워서 내[我]가 있다고 헤아리고 인아(人我)에 마음을 일으켜서 항상 나의 것[我所]으로 헤아리는 인연으로 근(根)과 진(塵)에 널리 둘러싸여 식(識)과 음(陰)의 급한 물결이 몸과 마음을 격동하는 것이 오직 번개와 같이 청정한 안이비설신의를 전하여서 한 생각에 깨치지 못함으로써 뒤집혀 육사외도(六師外道)가 되었습니다. 법왕(法王)의 재물을 욕심내고 공양에 치우친 견해로 도적질하였습니다. 도적질이 이미 치성하여 열반의 성을 파괴하고, 법신(法身)을 잔해하며 혜명(慧命)을 태운 이와 같은 등의 죄가 티끌과 모래알 수를 능가하였습니다.

---

6) 범석 - 범천과 제석천을 말한다. 색계의 모든 하늘을 총칭하는 범천, 욕계의 도리천의 주인을 제석이라 하여 욕계와 색계를 총 아울러는 말이다.

從迷至迷。莫測終始。今始覺悟。深悔自慚。曉夜驚惶。
身心戰慄。永斷迷覺。貪愛我人。投涅槃城。歸安樂國。
以無我覺。降伏六師。收法王財。納三堅藏。資給慧命。
增益法身。然法性燈。常照無盡。行願理事。
塵界不違。三寶三乘。誓當弘護。迷覺之罪。隨懺消滅。
懺悔迴向已至心歸命禮三寶。

至心發願。弟子眾等。及法界有情。始從今日乃至無上
菩提。念念堅固。念念勝進。身心自在。辯說無礙。於
一念之中。具足一切種智。須知諸法畢竟空寂。而常度
脫一切眾生。同證涅槃。不以涅槃爲證。發願已至心

어둠으로부터 어둠에 이르러 시작과 끝을 알 수 없다가, 이제 비로소 깨달아 깊이 뉘우치고 스스로 부끄러워 밤과 새벽으로 놀라며 몸과 마음이 떨립니다. 미혹함을 영영 끊고 탐애와 아인(我人)을 깨달아서, 열반성(涅槃城)에 들어가고 안락국(安樂國)에 돌아가서, 무아(無我)의 깨달음으로 육사외도를 항복 받고 법왕의 재물을 거두어서 삼견장(三堅藏)[7]을 받아들여 혜명(慧命)을 자급(資給)하고, 법신을 증익하겠나이다. 그리하여 법성의 등불이 항상 다함 없이 비추어서 행원의 이사(理事)로 진계(塵界)에 어긋나지 않게 하여 삼보와 삼승을 맹세코 마땅히 널리 지켜 보호하겠습니다. 미혹하게 깨친 죄는 참회함에 따라 소멸하겠사오며, 참회하여 회향하며 지심으로 삼보에 귀명하며 예하옵니다.

지심으로 발원하옵니다. 제자들과 및 법계의 유정은 금일부터 시작하여 내지 무상보리에 이르기까지 생각생각마다 견고하고, 염념으로 수승한 정진으로 몸과 마음이 자재하고 변설에 걸림 없이 하여 일념(一念) 가운데 일체종지(一切種智)를 구족하게 하겠나이다. 모름지기 모든 법이 필경 공적함을 알아서 그리하여 항상 일체중생을 제도하여 해탈시켜서 한가지로 열반을 증득케 하며, 더 나아가 열반으로만 증득을 삼지 아니하리라고 발원하면서 지

---

7)   삼견장 – 영원히 변하지 않는 진실한 말씀의 삼장을 말한다.

歸命禮三寶。

金剛頂瑜伽三十七尊禮 終。

심으로 삼보에게 귀명하며 예하옵니다.

금강정유가 삼십칠존예 마침.

나가는 글

이 경을 출판하는 것은 수원 유가심인당 개당 50주년을 맞이하는 기념으로 출판한다. 먼저 심인당의 역사를 살펴보면, 진기23(1969)년 10월 21일, 수원시 북수동 44-2번지 가옥을 매입하고 수리하여 심인당(酉坐)을 개설하고 개시불사를 하였다. 지상혜(至上慧=裵鳳順) 전수님 초대주교 발령하였다. 그 후 진기25(1971)년 3월 20일, 한옥을 헐고 개축공사를 시작하여 5월 10일 상량식을 거처 8월 14일 헌공불사 봉행하였다. 진기32(1978)년 3월 25일, 혜정(惠淨=崔鍾雄) 정사님 교화승, 11월29일 선행관(善行觀=金己玉)님, 시무 임명받아 함께 교화하였다. 진기33(1979)년 12월 10일, 각해(覺海=宣泰植) 정사님 주교, 보인정(普印定=朴甲銀) 전수 교화발령을 받았다. 진기40(1986)년 진기42(1988)년 8월 25일 휴명(休明=朴鍾斗)정사님 주교, 홍일정(紅日定=尹鍾淑) 전수 교화 발령받았다. 진기43(1989)년 12월 26일 혜정 정사님 주교, 선행관 전수님 교화승으로 발령받았다. 진기54(2000)년 12월 12일 심인당 신축하기로 하고, 신풍동 221-8번지 3층을 전세 얻어 진기55(2001)년 3월 27일 심인당을 옮겨 교화하였다. 9월 10일, 문화재심

의에서 높이 9m이하로 건축하라는 통보를 받고 새로 설계를 하여 진기56(2002)년 11월 25일. 신축 지진불사, 진기57(2003)년 7월 21일. 상량불사, 12월 26일. 헌공불사를 봉행하였다. 진기59(2005)년 5월 2일. 화홍어린이도서관 경기도지사로부터 도서관 설립인가 받아 5월30일, '화홍어린이도서관(사서=송정화)' 개관불사하였다. '화홍어린이도서관' 개관은 불교 어린이도서관으로는 처음으로 인가를 받은 도서관이다. 진기63(2009)년 12월 15일. 관천(觀天=김재민) 정사 주교, 육행수(서재금)전수 교화승으로 발령·교화하였다. 진기67(2013)년 10월 22일. 덕운(김성록) 정사 주교, 심법정(손을임) 전수 교화승으로 발령하여 오늘에 이른 것이다.

유가심인당의 발전상의 인연을 보면, 진기43년(1989) 제1회 '진각제'를 개최하고 진기44년 처음으로 심인당 신교도 '한마음체육대회'를 10월 3일 가졌다. 3년 뒤 유가·행원·밀각·실상 4개 심인당이의 신교도들이 서울 진선여자중고등학교 운동장에서 '한마음체육대회'를 개최하고 이로부터 서울심인당 '신교도 한마음체육대회'가 열리고 나아가 전국심인당 '신교도 한마음체육대회'를 교구청 단위로 개최하였다. 그리고 진기46(1992)년 4월 서울에서 지성인들이 창립한 '회당학회'의 초대 회장으로 유가심인당 상정(변종오) 각자님이 되었다. 그 후 회당학회가 빛을 잃었을 때 다시 진기54(2000)년 3월, 재창립하여 처음으로 국제학술대회를 중국 법문사(57년 12월)를 시작으로 일본 고야산대학교, 스리랑카 겔러니아대학교, 몽고 불교미술대학교, 네팔 트르판대학교, 미국 서래대학교, 인도 델리대학교 등지에서 국제학술대회가 개최되었다. 또 하나는 국가의 인재와 불교의 인재를 양성하기 위한 서원으로 진기52년 5월 16일 종조대각절 시작으로 대비로자나불 10(3,700일)년 인재불사를 시작하여 진기62(2008)년 7월 1일에 회향하였다. 종단의 중책을 맡은 곳도 이곳이다. 모든 것은 진각성존의 깊은 은혜에 보답하고 신교도분들의 일체 서원성취를 위한 정진이었다. 이제 지난날들을 돌아보면 이곳 50년 시간 속에 총 26년의 세월을 보낸 저는 이곳이 종교적 고향이며 수행처며 꽃을 피우고 열매를 맺은 곳이다.

이 경을 출판하면서 금전적으로 보탬을 주신 한국, 일본, 미국 등지의 저와 인연이 있는 관○○, 문○○, 민○○, 정○○, 지○○ 보살님, 류○○, 노○○ 각자님 그외 성함은 밝히지 못한 분들, 모두 유상의 복덕이 무상의 공덕이 되어 모든 서원이 원만성취 되기를 바랍니다. 다시 한번 인연 있는 모든 분, 베풀어주신 깊은 은혜에 보답하기 위하여 이 작지만 한 권의 경을 번역하여 보시하고자 하는 것이다.

역자 혜정 합장

佛說大乘莊嚴寶王經
불설대승장엄보왕경

초판 1쇄   2019년 10월 24일
지은이   최종웅(혜정·惠淨)
펴낸이   오종욱
펴낸곳   올리브그린
            경기도 과천시 별양상가1로 18, 910호
            olivegreen_p@naver.com
            전화 070-6238-8991 / 팩스 0505-116-8991

가격   20,000원
ISBN 978-89-98938-291(03220)

이 도서의 국립중앙도서관 출판예정도서목록(CIP)은 서지정보유통지원시스템 홈페이지
(http://seoji.nl.go.kr)와 국가자료종합목록 구축시스템(http://kolis-net.nl.go.kr)에서 이
용하실 수 있습니다. (CIP제어번호 : CIP2019039721)